もっともっと
ゆる山歩き
まいにちが山日和

西野淑子

東京新聞

JN069738

一期一会の、ゆる山歩き。

山は「出合い」に満ちています。
足元に咲く小さな草花。
風の音、沢のせせらぎ、鳥の鳴き声。
日の光のあたたかさ、雨上がりの森の匂い。
遠くに見える山々の連なり。

春夏秋冬で出合えるものは違い、
同じ山を何度歩いても、
いつも発見と驚きがあります。

ゆっくり、のんびり、あたりを見渡し、
山とのさまざまな出合いを楽しみながら
気持ちよく歩ける50のコースをご案内しています。

行きたいと思ったときが山日和。
「ゆる山歩き」で何を見つけますか？

もっともっと
ゆる山歩き
まいにちが山日和

contents

春

夏

秋

冬

コースガイドについて

- 本書は、東京新聞　首都圏情報「ほっとなび」の連載「ゆる山歩き」（2018年1月～2019年8月分）を、単行本化にあたり加筆、再構成しました。
- 本書に記載の交通機関、市町村問合せ先等のデータについては、2020年3月現在のものを使用しています。これらについては変更される場合がありますので、事前に必ずご確認ください。
- データ部分のアイコンは
  ：登山口までの交通機関　：コースタイム　WC：トイレ情報
  ：アドバイス　問：市町村・交通機関の問合せ先
- コースタイムは、実測をもとに、健康な成人が要する標準的な歩行時間を記載しています。休憩時間は含めません。体力や天候などで変化しますので、あくまでも目安として考え、無理のない計画を立て、行動してください。
- 本書に掲載の地図は必ずしも現地での道案内に十分ではありません。歩くときには登山地図やハイキングマップなどをお持ちください。

さくいんMAP

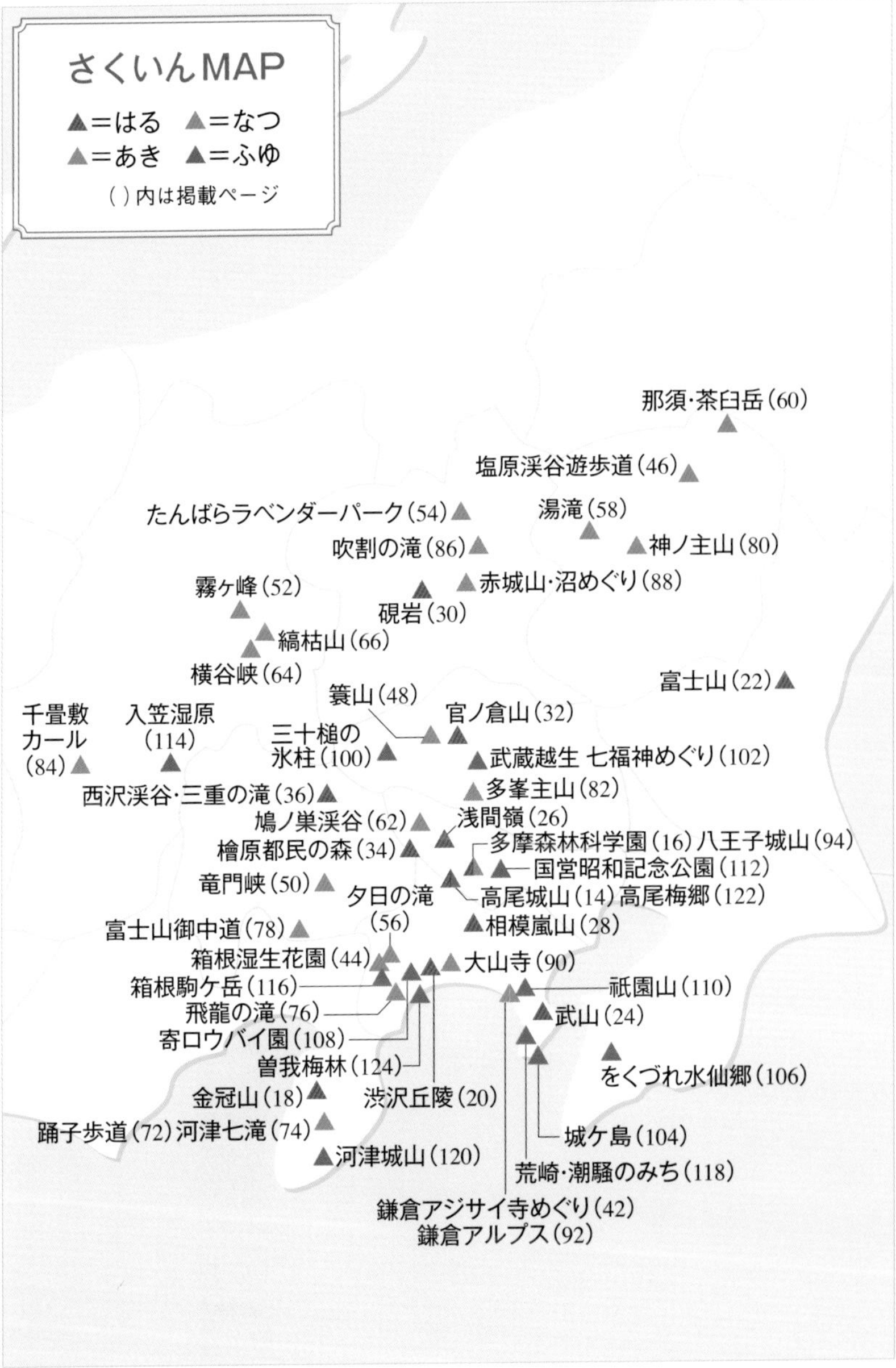
▲＝はる ▲＝なつ
▲＝あき ▲＝ふゆ
( )内は掲載ページ
那須・茶臼岳(60)
塩原渓谷遊歩道(46)
たんばらラベンダーパーク(54)
湯滝(58)
吹割の滝(86)
神ノ主山(80)
赤城山・沼めぐり(88)
霧ヶ峰(52)
硯岩(30)
縞枯山(66)
横谷峡(64)
富士山(22)
簑山(48)
官ノ倉山(32)
千畳敷
カール
(84)
入笠湿原
(114)
三十槌の
氷柱(100)
武蔵越生 七福神めぐり(102)
西沢渓谷・三重の滝(36)
多峯主山(82)
鳩ノ巣渓谷(62)
浅間嶺(26)
檜原都民の森(34)
多摩森林科学園(16) 八王子城山(94)
国営昭和記念公園(112)
竜門峡(50)
夕日の滝
(56)
高尾城山(14) 高尾梅郷(122)
富士山御中道(78)
相模嵐山(28)
箱根湿生花園(44)
大山寺(90)
箱根駒ケ岳(116)
祇園山(110)
飛龍の滝(76)
武山(24)
寄ロウバイ園(108)
曽我梅林(124)
をくづれ水仙郷(106)
金冠山(18)
渋沢丘陵(20)
踊子歩道(72) 河津七滝(74)
城ケ島(104)
河津城山(120)
荒崎・潮騒のみち(118)
鎌倉アジサイ寺めぐり(42)
鎌倉アルプス(92)

歩きやすさ重視、まずはあるもので

服装と持ち物

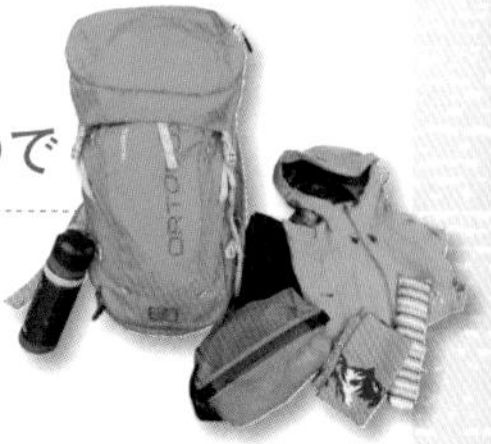

●服　装

　汚れてもいい動きやすい服、履き慣れた歩きやすい靴が大切です。歩くだけとはいえ、長い距離を歩きますから、スカートよりパンツ、ブラウスよりTシャツなどのほうがよいでしょう。靴も革靴やサンダルでなく、スニーカーやトレッキングシューズなど、長く歩いても疲れにくい靴を選びます。

　歩いていると汗をかくので、汗をよく吸って乾きやすい素材のシャツが望ましいです。綿のシャツは汗をよく吸いますが乾きにくく汗冷えするので、替えのシャツを持っていくとよいでしょう。

●持ち物

　日帰りのゆる山歩きなら、飲み物、お弁当とおやつ、タオル、雨具、歩くルートの資料（地図やガイドブック）など。山には売店や自動販売機がないので、飲み物や食べ物はあらかじめ用意します。雨具は必ず持っていきましょう。晴れ予報の日でも、山では急に雨が降ることがあります。登山用の雨具がベストですが、コンビニなどで売っているビニールのレインコートと折り畳みの傘でもよいので持っていきます。

　両手をあけてバランスよく歩くため、手提げカバンや肩掛けカバンではなく、リュックサックに道具を入れます。1～2時間のゆる山なら、普段使いのデイパックで十分です。

　登山専用の服や道具を全部買いそろえる必要はありません。まずはあるもので始めてみましょう。山歩きがおもしろいと思ったら、少しずつ買い足していけばいいのです。

街歩きの２倍ゆっくりがポイント

疲れず楽しく歩く

●歩くペース

山歩きはゆっくり、休まず歩くと疲れにくいのです。お友達とおしゃべりをしていても息が切れない程度のスピードで、目安としては「街を歩くときの2倍ゆっくり」。ゆる山歩きなら、25～30分歩いて5分程度休憩するのを1サイクルとして、歩くといいでしょう。

登り道では、小またでチビチビ、ゆっくりと足を運びます。丸太や石の階段が出てきたら、一段ずつ踏みしめるように、一定のペースで登っていきます。駅の階段を駆け上がるように早足で登ってしまうと、一気に息が上がってしまいます。「休まずに」といっても、よい景色やきれいな花を見つけたら、立ち止まって写真を撮ったりするのはOKです。

●水分補給

歩いていると汗や呼気で、水分が体の外に出ていくので、出ていった分を取り入れる必要があります。とくに雨や霧の日や、寒い時は体から水分が出ている実感がなく、飲み物をとらなくなりがちです。３時間程度の山歩きなら、５００ミリリットル～1リットルの飲み物を持ち歩き、のどが渇いたと感じていなくても、休憩時には飲むようにしましょう。

●栄養補給

水分と同様に、歩いているとエネルギーも消費されていきます。行動食（おやつ）を持っていき、休憩時に食べるようにします。チョコレートや飴、小分けになった羊羹などが食べやすく、カロリーも高いのでおすすめです。

山歩きでは、計画を立てることが大切。それは高く険しい山を登る登山でも、『ゆる山歩き』でも同じです。

●登山ルートの下調べ

どのくらい歩くのか、歩きにくい危険な場所はないかなど、コースの下調べをします。山歩きのガイドブックが役立ちます。市町村のホームページからハイキングマップをダウンロードすることもできます。登山道が通行できるか、変更されていないか、必ず最新の情報を地元のホームページなどで確認しましょう。

花や紅葉目当てに出かけるときは、現地情報をチェックしていきます。山によっては、山麓のビジターセンターや地元の観光協会のホームページなどで情報をこまめに更新しているので、参考になります。

下調べで安全に楽しく

プランニング

●アクセス情報

登山口までの電車やバスの便を時刻表などで調べます。登山口と下山するところが違う場合は、下山地の交通情報も忘れずに確認を。

町なかの路線バスと違い、山岳地帯の路線バスは本数が少ないもの。1日に2、3本ということも多いですし、平日と土曜、日曜でダイヤが違うこともあります。バス会社の公式サイトの時刻表で、最新のダイヤを確認しておきます。また、山の中を通る路線は、大雨・台風などで土砂崩れがあると通行止めになります。そもそもバスの運行があるかも事前に確認しましょう。

マイカーでアクセスする場合は、登山口の駐車場情報（場所、有料／無料など）を調べておきましょう。バスと同様に登山口への道路が土砂崩れなどで通行止めになっていないかの確認もしておきます。時期によっては、マイカー規制を行っている山もあります。たとえば上高地はシーズン中ずっと、富士山は夏にマイカー規制期間があります。

●1日の予定を決める

ルートやアクセスの下調べをもとに、何時に自宅を出て、何時から歩き始めるか、1日のおおよその予定を考えます。登山用の地図に書かれたコースタイムは、休憩の時間を含めていません。休憩やお昼休みを考えると、書かれているコースタイムの1・5~2倍が、実際にかかる行動時間と考えてよいと思います。

　歩行時間の短い山歩きでも、早め出発、早め下山を心がけます。展望のよい山は、朝早いほうが空気が澄んで山々がよく見渡せます。秋は日が落ちるのが早く、夕方には薄暗くなってしまいます。歩行時間2~3時間程度のゆる山でも、朝10時には歩き始めるようにしたいものです。

●登山の計画を家族に伝える

　万が一の事故に備え、登山の計画は必ず家族に伝えましょう。いつ、誰と、どの山に行くのか。さらに歩くルートまで伝えておけば、捜索時の情報として非常に有効です。大切なのは「口頭ではなく、書いたものを残す」こと。耳で聞いただけの情報は、記憶として残りにくいものです。メモを自宅に置いたり、メールで計画を伝えるようにしましょう。

春

驚きと輝きの季節。

日に日に陽光が強くなり、花が開き、木々が芽吹きます。

同じ山を歩いても、1週間前と今日では

花や緑の具合が違うこともしばしば。

今日の山は何色だろう。

どきどきしながら山に向かうのです。

東京都・神奈川県

山頂で楽しむ花見

高尾城山

たかおしろやま

670m　2時間35分

町の桜が散り、葉が茂り始めているい4月半ば、山は花の季節が本番を迎えます。山に桜のお花見に出かけましょう。東京都と神奈川県の境にそびえる城山をご案内します。本格的な山道歩きとなりますから、靴や服装は登山専用のものをご用意ください。

スタートは小仏バス停から。舗装道路を上っていき、景信山への登山道の分岐を2つ見送って、登山道に取り付きます。ジグザグにつけられた道は急な登りで息が上がりますが、ゆっくりペースで、途中休憩では水分をしっかりとりながら歩いていきましょう。

広場になっている小仏峠では、ユーモラスなタヌキの置物がお出迎え。ベンチもあるので休憩に最適です。ここからも丸太の階段を交えた急な登りが続きます。登り始めてすぐに相模湖の眺めがよい広場があるので景色を楽しんでいきましょう。薄暗い針葉樹の林の中を登っていくと、城山の山頂に到着です。

手前に連なる丹沢の山々の先に、富士山の姿が見渡せて、疲れも吹き飛びます。山頂周辺は桜やハナモモなどの花木、色とりどりの草花が咲き乱れていて、山上の花園の趣。山頂には茶店があり、ベンチやテーブルも多く設置されています。

帰りは来た道を戻ります。足元に十分注意して下山しましょう。

❶春の城山山頂　❷山頂手前の広場にはハナモモやミツバツツジも咲く　❸小仏峠でタヌキの置物がお出迎え

食

城山茶屋

城山の山頂に立つ、レトロなたたずまいの茶店。通年営業で、いつも多くのハイカーでにぎわう。名物は、ぷりぷりのなめこと豆腐がたっぷり入ったなめこ汁。夏は、まるで塔のようなかき氷も人気。シロップをたっぷりかけて味わおう。

TEL042-665-4933

：ＪＲ中央線、京王線高尾駅から京王バス小仏行きで15分、終点下車

：小仏バス停（1時間）小仏峠（25分）城山（20分）小仏峠（50分）小仏バス停

WC：小仏バス停、城山山頂にあり

：高尾山から城山を経て小仏峠へ向かう縦走ルートも人気がある

問：八王子観光コンベンション協会 TEL042-649-2827
京王バス南（高尾）TEL042-666-4607

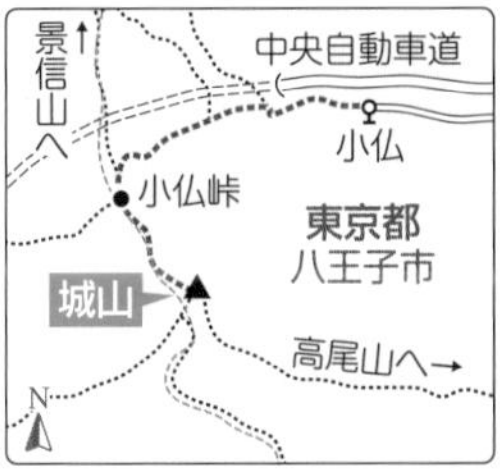

長期間楽しめる、豊富な桜

多摩森林科学園

たましんりんかがくえん

280m　1時間20分

東京近郊の市街地の桜は見頃を終えても、山の桜はそのあとが見頃です。山奥まで桜を見に行くのはちょっと大変ですが、手軽に行くことができて、多くの種類の桜が見られる「桜の園」へ出かけませんか。

八王子市内に広がる多摩森林科学園には、全国各地の桜約１３００本が植えられている桜の保存林があり、一般の方々も見学をすることができます。入園料は４月は４００円、他の月が３００円です。日本の桜の遺伝資源を保存する目的で、50年前からさまざまな桜を収集しているため品種も非常に多く、栽培品種から野生の桜まで、その数約６００系統。４月下旬ごろまで桜の花を楽しむことができます。開花の情報は多摩森林科学園のサイトでも確認できます。

最寄りのＪＲ高尾駅から多摩森林科学園までは10分ほどの道のり。園内は自由に散策できるので、入り口で案内図をいただいていくと、よいでしょう。未舗装ですが歩きやすく整備され、ところどころに案内板、解説板が立てられています。あずまややベンチなどもあり、一息つくこともできます。

時季を同じくして樹木園の広葉樹は芽吹きを迎え、足元は草が青々と茂り始めています。春爛漫《らんまん》の風景のなかをのんびりと歩くのは気持ちがよいものです。

❶さまざまな桜の花で彩られる　❷関東の山にも多いヤマザクラ　❸黄色い花びらの鬱金（うこん）

観

森の科学館

多摩森林科学園の園内にあり、森林に関するさまざまな情報や知識をパネルや映像で分かりやすく紹介。ハンズオン展示を実施しており、木材や木の幹の標本などを触ることができる。園内の桜についで解説するコーナーもあるので、散策の前に立ち寄っていきたい。

🚉：ＪＲ中央線、京王線高尾駅下車
▶：高尾駅（10分）多摩森林科学園＝園内散策１時間＝（10分）高尾駅
WC：園内に数カ所あり
ⓘ：高尾駅北口からバス利用も可能。森林科学園前下車（バスは往路のみ）
問：多摩森林科学園 TEL042-661-0200（見学受付）
※2020年、サクラ保存林は台風被害のため閉鎖

マメザクラと富士展望の山

金冠山

きんかんざん

816m　1時間10分

雄大な富士山と桜のお花見を楽しめるゆる山歩きはいかがでしょう。ご案内するのは伊豆半島で人気の低山・金冠山です。富士山の絶景スポットとして親しまれるこの山は、マメザクラの名所でもあります。花の見頃は例年4月中旬〜下旬。

だるま山高原レストハウスバス停から車道を少し進み、登山口へ。比較的ゆるやかな道を登っていきます。歩いていくうちに、マメザクラが眺められるようになります。芽吹いた木々の緑とマメザクラの淡いピンク色のだんだら模様は、この時季ならではの楽しみ。ゆっくり歩いて景色を味わいましょう。

十字路になっている戸田《へだ》峠分岐から金冠山の山頂までは、木の階段を交えた登りで10分ほどの道のり。山頂からは駿河湾越しに裾野を広げた富士山が息をのむほどの美しさです。天気に恵まれれば富士山の右手に南アルプスの山々も眺められます。春先なら頭に雪をかぶった山々の連なりが素敵です。

下山は来た道を戻ります。歩き慣れた方なら、きよせの森経由で森と緑の雰囲気を楽しみながら下ってもよいでしょう。

遊歩道が完備されて歩きやすいのですが、分岐が多いです。歩く場合はレストハウスで案内図をもらっていきましょう。

❶金冠山から望む雄大な富士山　❷戸田峠付近。新緑とマメザクラが美しい　❸小ぶりな花姿のマメザクラ

食

だるま山高原レストハウス

富士山の眺めを楽しみながら、食事や休憩ができるレストラン。展望台からは駿河湾越しの富士山が雄大だ。鹿肉を使った料理や中伊豆名物のわさび丼などが味わえるほか、黒米ソフトクリームなどの甘味も。

静岡県伊豆市大沢1018-1

TEL 0558-72-0595

🚌：伊豆箱根鉄道修善寺駅から新東海バス戸田行き30分、だるま山高原レストハウス下車

🚶：だるま山高原レストハウス（40分）戸田峠分岐（10分）金冠山（10分）戸田峠分岐（10分）だるま山高原レストハウス

WC：だるま山高原レストハウスバス停付近にあり

❗：修善寺駅〜戸田のバスは１〜２時間に１本の運行。最新のダイヤで時刻の確認を

問：沼津市役所 TEL 055-931-2500
伊豆市観光案内所 TEL 0558-99-9501
新東海バス
TEL 0558-72-1841

神奈川県

富士望む展望の丘歩き

渋沢丘陵

しぶさわきゅうりょう

280m　2時間40分

山頂を目指さない、なだらかな丘陵歩き。春は足元で草が芽吹き、小さな花を咲かせているのを見つけるのも楽しみです。渋沢丘陵で山岳展望と合わせた里山歩きを満喫しましょう。

秦野駅から住宅街に入り、「震《しん》生《せい》湖」の道標に従って進んでいきます。ところどころ畑が広がる中を緩やかに登っていくと、だんだん丹沢の山々の眺めがよくなってきます。連なる山々の一番右、三角形のきれいな形の山は大山です。眼下には秦野の市街地が広がっています。

さらに進むと、進行方向に雪をかぶった富士山が頭をのぞかせ始めます。3月半ばから4月初めにかけては菜の花畑の向こうに富士山や丹沢の山々が眺められ、のどかな気持ちに。秋は蕎麦《そば》の花も楽しめます。

震生湖は樹林に囲まれた小さな湖。関東大震災で陥没して沢がせき止められてできた湖なのだそう。新緑や紅葉の季節は、湖面に木々の色が映り込んでとても美しいです。一息ついていきましょう。

震生湖からも樹林や畑を眺めながらのんびりとした丘歩きが続きます。基本的に舗装された道路で歩きやすく、ところどころで富士山や丹沢の山々が眺められます。頭高山との分岐で右折し、渋沢駅方面に進みます。

❶丹沢の山々が一望に見渡せる。右端の三角形の山が大山
❷のどかな雰囲気の散策路　❸木々に覆われた震生湖

秦野の落花生

神奈川県秦野市は落花生の産地。土壌や気候が落花生の栽培に適しており、明治時代頃から盛んになったといわれる。「相州落花生」は風味の良さで知られており、市内には落花生や豆菓子の専門店が点在している。落花生を使った和菓子、洋菓子なども多い。

- 電車：小田急線秦野駅下車
- コース：秦野駅（50分）震生湖（1時間10分）頭高山分岐（40分）渋沢駅
- WC：震生湖にあり
- 注意：桜や菜の花などの開花状況は秦野市観光協会のサイトで確認できる
- 問：秦野市観光協会 TEL0463-82-8833

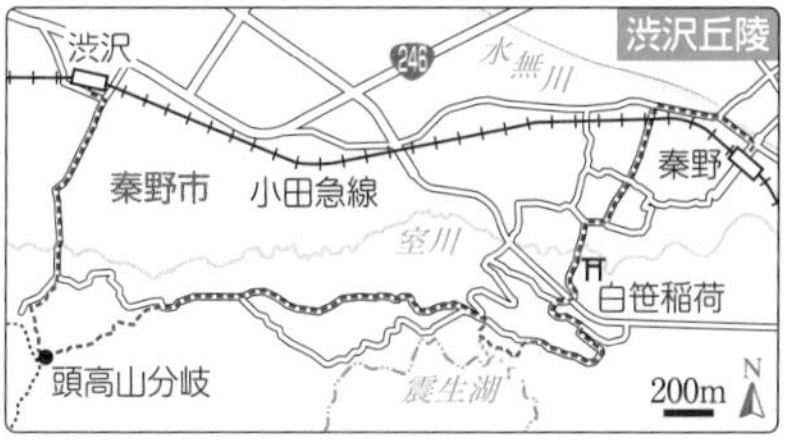

ツツジの向こう　山々眺め

富士山

ふじやま

143m　2時間10分

山梨県と静岡県の境にそびえる標高３７７６メートルの富士山は、日本を代表する山。同じ名前の山は日本各地にあり、そのなかのひとつが茨城県笠間市にそびえる、標高１４３メートルの富士山。「ふじさん」ではなく「ふじやま」と読みます。ツツジの名所として知られており、４月下旬からゴールデンウイーク頃までが例年の見頃です。ＪＲ水戸線の笠間駅を起点にのんびりハイキングを楽しみましょう。

笠間駅からまずは笠間稲荷神社を目指します。日本三大稲荷神社のひとつで、５月には境内のフジの花も見どころです。笠間稲荷神社から車道を進み、急な階段を上って佐白山正福寺へ。寺の脇から富士山への登山道に取り付きますが、すぐにツツジに囲まれます。霧島、日の出、ヤマツツジなど、さまざまな種類のツツジが彩っています。

つつじ公園として整備されている山頂からは、咲き誇るツツジの向こうに仏頂山や加波山など茨城の山々が見渡せます。景色を満喫したら来た道を戻り笠間駅に向かいます。健脚な方なら、隣の佐白山まで足を延ばし、来た道を戻るか、笠間工芸の丘方面に下山することもできます。

笠間といえば笠間焼が有名。帰りに焼き物のお店でお気に入りの一点を求めるのもよいでしょう。

❶山頂、つつじ公園からの眺め　❷歩きやすい散策路が整備されている　❸笠間稲荷神社の社殿

観

笠間芸術の森公園

「伝統工芸と新しい造形美術」をテーマとした公園。公園内には、陶芸や工芸に関する作品を展示する茨城県陶芸美術館が併設されている。例年、ゴールデンウイークに陶炎祭を開催。
茨城県笠間市笠間2345
TEL 0296-77-1101
（笠間市役所）

鉄：ＪＲ水戸線笠間駅下車
歩：笠間駅（20分）笠間稲荷神社（50分）富士山（1時間）笠間駅
WC：笠間稲荷神社、富士山山頂にあり
祭：4月中旬～5月上旬に「笠間つつじまつり」を開催
問：笠間観光協会 TEL 0296-72-9222

山頂彩るツツジの群落

武山

たけやま

200m　2時間10分

山にツツジのお花見へ。三浦半島にそびえる標高200メートルの武山は山頂一帯がつつじ園として整備されており、約1200本のツツジが例年4月中旬から5月上旬にかけて見頃を迎えます。ピンクや白、朱色の、大きさもさまざまな花が一面を彩るさまは見応えがあります。

　武山山頂へは津久井浜駅からのんびり休憩を取りながら歩いても1時間半ほどの道のり。歩き始めは道標に従って用水路沿いの散策路へ。キャベツ畑やイチゴのビニールハウスなどが並ぶ中を進みます。山道に入ってからは丸太の階段を交えた、やや急な登りが続きます。20～30分ほどで、山頂の広場にたどり着きます。

　コンクリート造りの展望台に上ってみましょう。中段に上ればツツジの群落が間近に眺められます。最上階からの眺めはすばらしく、遠くに伊豆大島や伊豆半島、横浜方面を見渡すことができ、三浦半島の形もよく分かります。

　山頂から数分足を延ばし、武山不動院にも立ち寄っていきましょう。三浦半島霊場の一番札所で、東国花の寺のひとつでもあります。風情あふれる朱塗りのお堂にお参りしたら、来た道を戻り津久井浜駅に向かいます。道中にある津久井浜観光農園で旬の野菜や果物、農産物加工品をお土産に求めるのもよいでしょう。

❶

③

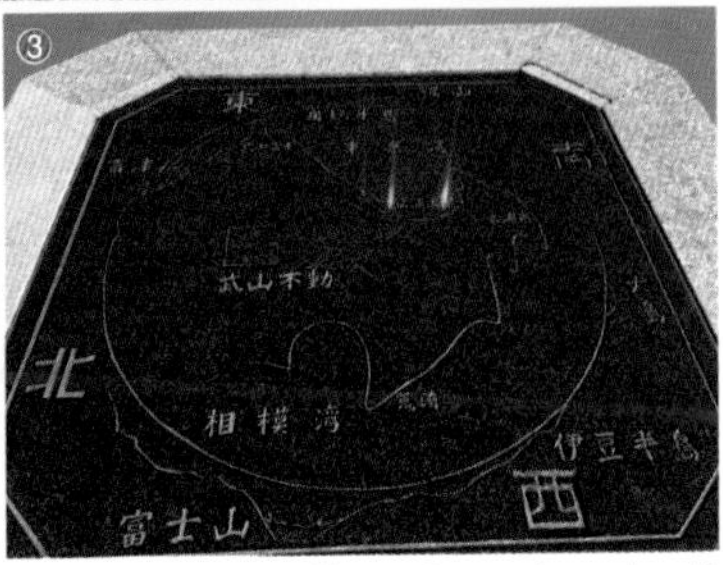

❶ツツジに彩られる武山の山頂　❷山頂直下に立つ、赤い社殿の武山不動院　❸武山の展望台で見える山を確認

買

三浦の野菜

三浦半島は温暖な気候を利用した関東有数の野菜の産地でもある。人気が高いのは、太くてみっしりした三浦大根や、早春から春にかけて出荷される甘くて柔らかいキャベツ。冬〜春に散策をすると、津久井浜駅周辺には大根やキャベツの畑が広がっていて見応えあり。

🚉：京急線津久井浜駅下車
▷：津久井浜駅（30分）津久井浜観光農園（40分）武山（1時間）津久井浜駅
WC：津久井浜観光農園隣、武山山頂にあり
❗：京急長沢駅から三浦富士、砲台山を経て武山へ縦走するルートもよい
問：横須賀市観光課
TEL 046-822-8294

東京都

奥多摩の山々を望む展望台

浅間嶺

せんげんれい

903m　2時間45分

春、低山の芽吹きの季節になったら、春を探しに山歩きに出かけましょう。東京都檜原《ひのはら》村を流れる北秋川と南秋川の間に連なる浅間尾根は、山々をつないで歩く縦走登山が楽しめる人気の尾根道です。浅間尾根の絶景スポットが浅間嶺。山麓の登山道から山頂を目指すこともできます。本格的な登山となりますので、トレッキングシューズや乾きやすい素材のシャツなど、登山専用の装備・服装が望ましいです。

スタートは人里《へんぼり》バス停から。道標に従い、舗装された道を登っていき、山道に取り付きます。はじめは杉やヒノキの樹林帯。やや急な登り道が続きますから、息を整えながらゆっくりと歩きましょう。人里峠からは浅間尾根のなだらかな尾根歩き。明るい広葉樹の林のなか、ところどころで山々の景色も眺めつつ進んでいくと、あずまやのある広場に。そこから丸太の階段をひと登りで浅間嶺の看板の立つ展望台に到着します。

北側を見れば大岳山や御前山など奥多摩の山々が連なり、南側には丹沢の山々、少しだけ富士山も頭をのぞかせています。ベンチやテーブルもある絶景の展望台でゆっくり休んでいきましょう。

帰りは来た道を戻ります。下りの山道も道標を見落とさないよう、足元に注意しつつ慎重に歩きましょう。

浅間嶺の展望台からの眺め。左の三角形の山は御前山、右端は大岳山

秋川渓谷 瀬音の湯

秋川渓谷沿いに立つ日帰り入浴施設。男女別に広々とした大浴場と露天風呂があり、なめらかな肌触りの温泉を満喫できる。入浴後は屋外のウッドデッキが快適。食堂や地元の特産品・農産物の直売所もあり。

東京都あきる野市乙津565
TEL042-595-2614

：ＪＲ五日市線武蔵五日市駅から西東京バス数馬・都民の森行きで45分、人里下車

：人里バス停（1時間）人里峠（30分）浅間嶺展望台（30分）人里峠（45分）人里バス停

WC：人里バス停付近、山頂付近

：数馬・都民の森行きのバスは本数が少なく、最新のバス時刻表で確認を

問：檜原村観光協会
TEL042-598-0069
西東京バス（五日市）
TEL042-596-1611

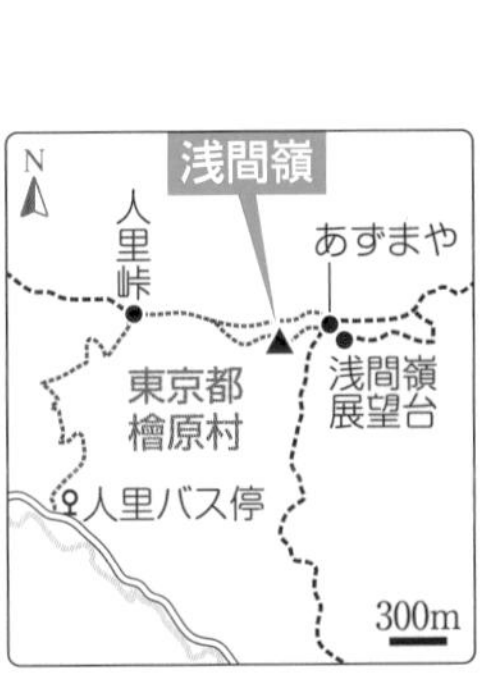

眼下に相模湖広がる

相模嵐山

さがみあらしやま

406m　2時間00分

関 東の低山の新緑が美しい季節、緑に彩られた山を、ゆるゆると歩いてみませんか。

相模湖の東湖畔にそびえる嵐山は、標高５００メートルにも満たない低山ながら、相模湖を望む景色がすばらしく、「かながわの景勝50選」にも選ばれている山。ＪＲ中央線相模湖駅からほぼ1時間で山頂に立つことができます。相模湖駅に分かりやすいコースマップが置かれているので持っていくとよいでしょう。

相模湖駅から相模湖の湖畔を進み、相模湖大橋を渡り、登山口に向かいます。登山口からは本格的な山道。急な斜面をつづら折りに登っていきます。歩きやすく整備されていますので、ゆっくり、息を整えながら進みましょう。ほどなく広葉樹の明るい尾根道に。見上げれば青々と茂る葉の間から、木漏れ日が差し込んでいます。

山頂には産霊宮《むすびのみや》水上《みなかみ》神社という縁結びの神様を祀《まつ》る小さな祠が立てられています。木々に覆われていますが、西側の眺望がよく、眼下に相模湖と周囲の街並みを見渡すことができます。

帰りは来た道を戻り、相模湖駅に向かいます。歩き慣れた人なら、ねん坂方面に進むこともできます。所要1時間、かなりアップダウンがありますが、下山地のさがみ湖リゾートプレジャーフォレストには温泉施設もあります。

❶相模嵐山山頂から西側の眺め。眼下に相模湖を一望　❷山頂には鳥居と祠が立つ　❸相模湖公園で一息

食

かどや食堂

創業昭和23年、相模湖駅前に立つ老舗の食堂。名物の焼肉定食をはじめとする定食類はボリューム満点で、やさしいお母さんの手作りの味わい。地元産の地ビールや甲州ワインなどお酒とおつまみの品揃えも豊富。

神奈川県相模原市緑区与瀬本町12 TEL042-684-2002

：ＪＲ中央線相模湖駅下車

：相模湖駅（30分）登山口（35分）相模嵐山（55分）相模湖駅

WC：相模湖公園にあり

：ねん坂方面に下山の場合、プレジャーフォレスト前から相模湖駅行きのバスは1時間に1～2本、所要約10分

問：相模原市観光協会
TEL042-771-3767

榛名湖望む絶景を満喫

硯岩

すずりいわ

1251m　1時間50分

新緑と展望のゆる山歩きはいかがでしょう。ご案内するのは榛名山。カルデラ湖である榛名湖の周囲にいくつもそびえる山々の総称です。最高峰の掃部ケ岳《かもんがたけ》の東側にある絶景スポット・硯岩に登ってみましょう。湖畔から眺めると、岩が縦に重なり合ったような不思議な景観が目を引きます。

榛名湖バス停からスタート。榛名湖を右手に見ながら20分ほど進み、榛名湖荘の建物の少し先から登山道に入ります。「掃部ケ岳登山口」「硯岩登山口」の小さな看板が目印です。カラマツなどの茂る樹林の中を、ところどころ木の階段を交えながらゆるやかに登っていきます。

しばらく登っていくと、掃部ケ岳に向かう道と硯岩に行く道に分岐しますので、右の硯岩方面へ。ここから硯岩までは10分程度の道のりですが、かなり急な斜面で、木の根が露出したような足元の悪いところも多くなります。ゆっくり、慎重に登っていきましょう。

登り切った硯岩の頂上からは、青々とした水をたたえた榛名湖と周辺の山々がまるで箱庭のように一望に見渡せます。湖畔の際《きわ》からきれいにそびえている円すい形の山が榛名富士です。

景色を十分に楽しんだら来た道を戻ります。掃部ケ岳の分岐までは急で足場が悪いので十分に注意して下りましょう。

❶硯岩から榛名湖を望む。榛名富士がよく目立つ　❷榛名湖湖畔から硯岩を見上げて　❸湖畔に水仙が咲いていた

食

ロマンス亭

榛名湖の湖畔に立つ食堂。榛名湖と榛名富士を眺めながら、榛名湖名物のワカサギが、定食や丼もので味わえる。揚げたてサクサクで風味のよいワカサギのフライはぜひ味わいたい逸品。ボリュームたっぷりの舞茸天丼も人気メニューだ。

群馬県高崎市榛名湖町848

TEL 027-374-9217

- 🚉：ＪＲ高崎線高崎駅から群馬バスで1時間30分、榛名湖下車
- 🥾：榛名湖バス停（20分）登山口（40分）硯岩（50分）榛名湖バス停
- WC：榛名湖湖畔に数カ所
- ❗：下山後は人気の名湯・伊香保温泉へ。温泉宿に泊まって楽しみたいが、日帰り入浴施設もあり
- 問：榛名観光協会 TEL 027-374-5111 群馬バス（榛名） TEL 027-374-0711

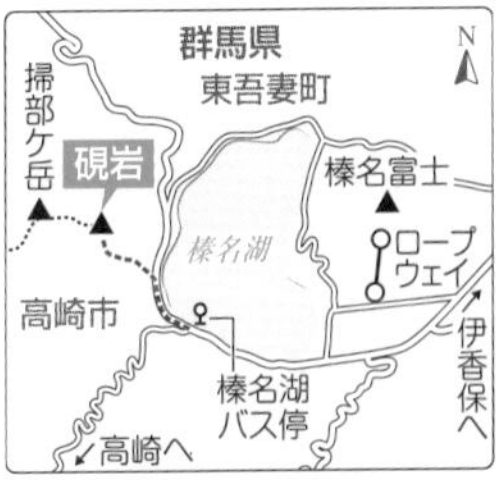

埼玉県

新緑の山　展望の頂へ

官ノ倉山

かんのくらやま

344m　**2時間30分**

やわらかな日差しを浴びて、のんびり里山歩きを楽しんでみませんか。

埼玉県小川町と東秩父村の境にそびえる官ノ倉山は、標高400メートルにも満たない山ながら展望に恵まれ、駅から歩き始められるアクセスのよい山です。歩行時間は短めですがしっかり山道を登るところがありますので、登山専用の靴やウエアで歩くことをおすすめします。

スタートは東武東上線の東武竹沢駅から。はじめはのどかな雰囲気の里山歩きが続きます。風情あふれるたたずまいの三光神社を過ぎ、天王沼から本格的な山道へ。杉・ヒノキの樹林のなかを登っていきます。はじめはなだらかで歩きやすいのですが、だんだん急斜面に。登り切ったら官ノ倉峠で一息入れていきましょう。

官ノ倉峠から官ノ倉山の山頂まではほんのひと登りですが、最後にちょっとした岩場もあって緊張します。官ノ倉山の山頂からは、間近に奥武蔵の山々がそびえ、天気のよい日には榛名山、赤城山も眺められます。

帰りは来た道を戻りますが、時間と体力に余裕があれば隣の石尊《せきそん》山まで足を延ばしましょう。岩が露出したところがあるので十分に注意します。石尊山の山頂は特に北側の眺めがよく、赤城・榛名の山々、日光連山も見渡せます。

❶うっそうとした樹林の中を登っていく　❷官ノ倉山山頂。晴れていれば奥武蔵の山々が一望　❸三光神社の社殿

食

晴雲酒造

小川町に蔵を構える造り酒屋。地元産の米を使って丁寧に仕込まれた日本酒を製造・販売している。パッケージに使われているのは小川町の特産品、和紙。併設の売店で商品が購入できるほか、酒蔵見学も無料で行っている。

埼玉県比企郡小川町大字大塚178-2 TEL0493-72-0055

- ：東武東上線東武竹沢駅下車
- ：東武竹沢駅（30分）三光神社（40分）官ノ倉山（15分）石尊山（1時間5分）東武竹沢駅
- WC：東武竹沢駅、三光神社付近にあり
- ：石尊山から小川町駅方面に下山もできる。駅周辺には造り酒屋や老舗の割烹（かっぽう）などがある
- 問：小川町観光案内所 TEL0493-74-1515

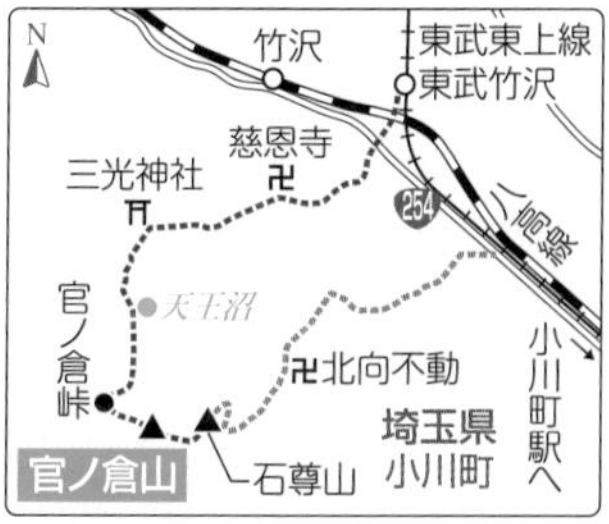

東京都

心地よい新緑の森を散策

檜原都民の森

ひのはらとみんのもり

1200m　1時間50分

木々が芽吹き、新緑の美しい季節こそ、ピークハントではなく、森の雰囲気を存分に味わうゆる山歩きに出掛けましょう。三頭《みとう》山の東側斜面に整備された檜原《ひのはら》都民の森は、森林の自然にふれあえる貴重な場所。散策路があちこちに設けられ、体力や時間に応じて楽しむことができます。三頭大滝と野鳥が楽しめるコースをご案内します。

都民の森バス停から大滝の路へ入ります。ウッドチップが敷いてある歩きやすい道を進んでいきます。落差35メートルの三頭大滝は吊《つ》り橋の上から眺めましょう。新緑のなかを滑り落ちる美しい滝が涼やかな雰囲気です。三頭大滝から先は沢沿いの道を進みます。ところどころ、飛び石で沢を渡るところもあるので足元に注意を。大滝から15分ほど進んだ先のテラスは絶好の休憩ポイント。森と沢の雰囲気を楽しみましょう。

ここから沢沿いの道と分かれ、回廊の路を目指します。途中には野鳥観察小屋があります。小屋を過ぎるとカラマツや杉の樹林に。マツの仲間でありながら落葉するカラマツは、芽吹いた緑色の木々が陽光に映えて輝くようです。

ウッドデッキのある鞘口《さいくち》峠から都民の森バス停へは20分程度の道のり。途中にある森林館の休憩室やレストランに立ち寄っていきましょう。

❶三頭沢沿いのウッドテラス。木々に囲まれ心地よい
❷三頭大滝　❸三頭大滝に向かう途中にある展望ポイント

湯　檜原温泉センター数馬の湯

数馬の湯バス停前に立つ日帰り入浴施設。男女別の大浴場と露天風呂があり、やわらかな肌触りの湯を満喫できる。併設の食堂で檜原村の食材を使った料理が味わえるほか、地元野菜の販売も行うお土産コーナーもあり。

東京都西多摩郡檜原村2430 TEL042-598-6789

：ＪＲ五日市線武蔵五日市駅から西東京バス都民の森行きで終点まで1時間10分

：都民の森バス停（30分）三頭大滝（30分）野鳥観察小屋（30分）鞘口峠（20分）都民の森バス停

WC：都民の森バス停、森林館、三頭大滝近くにあり

：都民の森へは、武蔵五日市駅からの直行便と、数馬バス停で乗り換える便がある

問：都民の森管理事務所
TEL042-598-6006
西東京バス（五日市）
TEL042-596-1611

三段で流れ落ちる迫力

西沢渓谷・三重の滝

にしざわけいこく・みえのたき

1100m　1時間40分

広葉樹の森を歩いて滝を見に行きませんか。ご案内するのは山梨県・西沢渓谷にある三重《みえ》の滝です。

西沢渓谷入口バス停から舗装道路を進んでいき、旧山荘の建物の先から山道に。整備されていますが本格的な山道です。周囲は広葉樹の林、芽吹き始めた木々の間から陽光がきらめきます。

途中の展望デッキは眼下に三重の滝の全景が眺められる絶景ポイント。展望デッキから階段を交えつつ山道を下っていき、三重の滝へ。

三段になって流れ落ちる滝は水量が多く、落差はそれほど大きくないものの、かなりの迫力です。下段は深い淵になっていて滝の流れ落ちる轟音《ごうおん》が体に響き渡ります。辺りは夏でも空気がひんやりとして涼やかです。

滝の迫力を満喫したら、来た道を戻って西沢渓谷入口バス停へ。西沢渓谷は、渓谷道から尾根道へ周回する一方通行のルートなのですが、三重の滝までは来た道を戻ることができます。

歩き慣れた人なら、前述の周回ルートがおすすめです。渓谷道の終点近く、七ツ釜五段の滝がハイライト。滝の脇の登山道を登り、滝を見る目線が下段から上段へと移っていくのも見応えがあります。5月は尾根道のシャクナゲも見どころです。

❶落差はないが迫力満点の三重の滝　❷吊り橋から渓谷を望む　❸尾根道に咲くシャクナゲ

道の駅みとみ　買 食

国道140号沿い、西沢渓谷の入口に立つ道の駅。売店では道の駅オリジナルラベルのワインをはじめ、地域の特産品が多数揃っている。そばやうどん、定食類が味わえる食堂もある。

山梨県山梨市三富川浦1822-20 TEL 0553-39-2580

- 🚉：ＪＲ中央線塩山駅から甲州市民バス１時間、西沢渓谷入口下車
- ▶：西沢渓谷入口（25分）インフォメーションセンター（25分）三重の滝（50分）西沢渓谷入口
- WC：西沢渓谷入口、インフォメーションセンター横
- !：西沢渓谷の周回ルートは歩行時間４時間弱。渓谷沿いは濡れて足元の悪いところも
- 問：甲州市観光協会 TEL 0553-32-2111
  山梨市観光協会 TEL 0553-20-1400

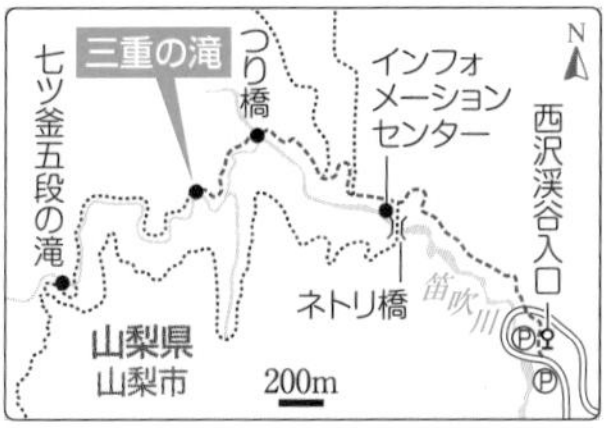

ゆる山旅 01

火山の恵みを満喫する

鹿児島県・霧島市

飛行機でひとっ飛び

日本百名山のひとつである霧島山を擁する鹿児島県霧島市。霧島山は最高峰の韓国《からくに》岳や、霊峰として知られる高千穂峰などをはじめとする山々の総称。鹿児島県と宮崎県の境に位置します。

初夏の霧島山の見どころはミヤマキリシマ。例年5～6月に、赤紫色の花が山を彩ります。高千穂峰を望むミヤマキリシマの群生地、高千穂河原（鹿ケ原）はぜひ訪れたい場所。

霧島は各地に良質の温泉が湧く、古くから知られる温泉地でもあります。幕末、寺田屋事件で傷を負った坂本龍馬が妻のお龍とともに滞在した地でもあり、この旅が日本で初めての新婚旅行といわれています。

絶景の火山湖・大浪池

標高1574メートルの高千穂峰、1700メートルの韓国岳は本格的な登山となりますが、これらの山々を間近に望む、短時間で楽しむことができるゆる山歩きのルートもあります。

ぜひ訪れたいのが、大浪池《おおなみのいけ》。日本屈指の高所に位置する火口湖です。登山口から池のほとりまでは40分程度の登り。石段や石畳が整備されて歩きやすい散策路です。登り切ると青々とした小さな池、その向こうに美しい山容の韓国岳を眺めることができます。池の周りは一周できますが、若干アップダウンがあるので来た道を戻るとよいでしょう。

えびの高原池めぐり

えびの高原の池めぐり自然探勝路も手軽に歩ける好ルートです。えびのエコミュージアムセンターを起点に、火口湖の白紫《びゃくし》池《いけ》、六観音《ろっかんのん》御池《みいけ》、不動池を周遊します（2020年3月現在、火山活動の影響により六観音御池から来た道を戻る。片道1時間程度）。それぞれ異なる火口湖の雰囲気、関東周辺とは異なる木々の樹林を楽しめます。えびのエコミュージアムセンターで自然に関する情報を得ていくとよいでしょう。

霧島連山は今も活発な火山活動のある山域です。訪れる前には、最新の情報で噴火警戒レベルを確認してお出かけください。

夏

山の気配が濃厚な季節。
木々の緑は色濃く、森全体で力を蓄えているようです。
雨上がりに水が勢いよく流れる渓谷や滝、
強い日の光にきらめく、色とりどりの花々。
たっぷり汗をかくのも悪くない。
すがすがしい気持ちで山を歩くのです。

しっとり風情の花見

鎌倉アジサイ寺めぐり

かまくらあじさいでらめぐり

40m　**1時間10分**

アジサイのお花見を取り入れたゆる山歩きは、梅雨ならではの楽しみです。人気の観光地・鎌倉も、6月はお寺の境内に咲くアジサイが美しく、例年非常に多くの人でにぎわいます。定番ではありますが、一度は花の見頃にゆっくりと歩いてみたいもの。

北鎌倉駅から、まずは東慶寺へ。駆け込み寺、縁切り寺として知られるお寺で、参道にはアジサイが咲き乱れています。境内の奥の岩壁に咲くイワタバコも見どころ。紫色の小さな星形の花が岩壁を埋め尽くしています。続いて拝観する浄智《じょうち》寺は、鎌倉五山第四位の古《こ》刹《さつ》。中国風鐘楼門の山門が目を引きます。アジサイが多く見られるのは入り口から甘露の井あたり。

浄智寺から少し鎌倉街道を進み、明月院へ。山寺の趣あふれる境内は、約２５００株のアジサイが咲き誇ります。その大半が青色のアジサイで「明月院ブルー」と呼ばれています。

お寺に向かう道沿いからアジサイがお出迎え。山門に向かう石段も両脇にアジサイがびっしりと。ちょっとした撮影ポイントになっています。境内は歩きやすく整備されており、ゆっくりと散策ができます。和菓子や抹茶のいただける茶店もあります。

明月院で十分にアジサイを楽しんだら、来た道を戻って北鎌倉駅へ向かいます。

❶アジサイで彩られる梅雨どきの明月院　❷東慶寺はハナショウブも美しい　❸歩道の石垣にも見られるイワタバコ

食

お寺で一服

鎌倉の社寺は、境内に喫茶室を設けているところが多い。明月院の「月笑軒」では水琴窟の清らかな音を楽しみながら、和菓子や抹茶がいただける。北鎌倉駅近くの円覚寺の境内、如意庵のカフェ「安寧」でも、庭園を眺めながら季節ごとのお菓子やお茶が味わえる。

：ＪＲ横須賀線北鎌倉駅下車

：北鎌倉駅（5分）東慶寺（10分）浄智寺（10分）明月院＝散策30分＝（15分）北鎌倉駅

WC：各寺にあり

：山歩きも楽しみたいなら、明月院から建長寺に足を延ばして鎌倉アルプスを歩いても、または明月院から六国見山へ向かってもよい

問：鎌倉市観光協会
TEL0467-23-3050

四季折々　1700種の植物

箱根湿生花園

はこねしっせいかえん

650m　1時間00分

山の花に気軽に会える植物園に行ってみませんか。

箱根・仙石原に広がる箱根湿生花園は、日本各地の湿地帯の植物を中心に、草原や低山、さらには高山の植物が植栽されています。中には珍しい外国の山野草もあり、約1700種の植物を見ることができます。花が多く楽しめるのは夏、6〜8月です。

入り口にある管理棟で、その時季に見られる花などの情報を得てから歩き始めましょう。展示室では仙石原湿原の動植物について紹介もしています。園内の順路は、低地から高山へ、初期の湿原から発達した湿原へと進むようになっていて、実際の山をイメージしながら花を観賞できるようになっています。7月はヤマユリやミズチドリ、コオニユリなどがよく目立ちます。湿原内には木道がしつらえられるなど、歩きやすく整備された道を快適に歩けます。ところどころ休憩スペースもあるので、ゆっくりと花を楽しみましょう。

ただ歩くだけでも楽しめますが、より楽しむなら専属ガイドの園内散歩はいかがでしょう。毎日10時と13時の2回開催しており、1回約1時間半。豊富な知識を持つガイドさんから、歩きながら見ることができる花や箱根の自然について解説をしてもらうことができ、山の植物の知識も深まるのでおすすめです。

❶のびやかな湿原は木道を快適に歩ける　❷6月半ば～7月上旬が見頃のノハナショウブ　❸湿原に咲くミズチドリ

湯

箱根のにごり湯

箱根は、箱根外輪山に囲まれた中に17の温泉地があり、それぞれに泉質や温泉街の雰囲気が異なるのが魅力だ。箱根湿生花園のある仙石原温泉や、古くからの別荘地として人気の強羅温泉は、白い濁り湯が特徴。やや硫黄の匂いがする湯だ。

🚉：箱根登山鉄道箱根湯本駅から箱根登山バス30分、仙石案内所前下車徒歩８分
▶：箱根湿生花園入り口（園内散策１時間）
WC：園内各所にあり
💬：入園料大人700円。近隣美術館の入場券とセットになったお得なチケットも
問：箱根湿生花園
℡0460-84-7293
箱根登山バス（小田原）
℡0465-35-1271

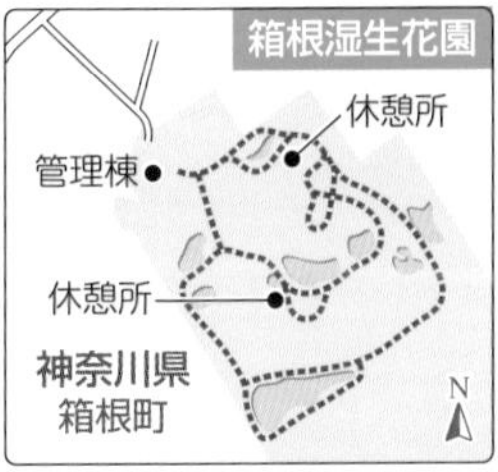

新緑の道と歴史ある温泉

塩原渓谷遊歩道

しおばらけいこくゆうほどう

600m　**1時間35分**

古くから湯治場として栄え、今なお多くの人に愛される塩原温泉。温泉地を流れる主流の箒《ほうき》川に沿うように整備されている塩原渓谷遊歩道は、豊かな緑が楽しめる散策路です。

初夏にはヤシオツツジやヤマツツジなどさまざまなツツジに彩られます。全長8・5キロの長いルートのうち、大網から塩原温泉ビジターセンターに至る「やしおコース」をご紹介します。

塩原大網バス停で下車し、バスで来た方向に少し戻ったら道標に従って山道に取り付きます。少し急な斜面を登り、樹林の中に入っていきます。国道を渡り、青緑色の水をたたえた箒川ダムを橋で渡り、先に進みます。ツツジやカエデなどの豊かな樹林が広がり、右手にはちらちらと箒川の流れも。山の斜面を登り切り、しばらく進むと布滝展望台のウッドデッキへ。岩の間を豪快に流れ落ちる布滝を眼下に眺めます。

布滝展望台からはさほどアップダウンのない樹林の道へ。木漏れ日が輝いています。散策路沿いの不動の湯（夏のみ入浴可）の少し先に足湯があり、森林浴をしながらの足湯が快適です。福渡不動吊《つ》り橋を渡ると樹林から街なかへ。ゴールの七ツ岩吊橋バス停を目指します。バス停近くにも足湯があり、バスを待つ間に利用するのもよいでしょう。

❶箒川を眺めながら雑木林の中を歩く　❷ところどころで滝も見られる　❸不動の湯の先の足湯。散策途中にどうぞ

：ＪＲ東北本線西那須野駅からバス40分、塩原大網下車

：塩原大網バス停（20分）箒川ダム（40分）足湯（30分）塩原温泉ビジターセンター（5分）七ツ岩吊橋バス停

WC：岩の湯の先、塩原温泉ビジターセンターにあり

：塩原温泉周辺のハイキングコースの最新情報は、塩原温泉ビジターセンターのサイトで確認を

問：塩原温泉ビジターセンター TEL0287-32-3050
ジェイアールバス関東（西那須野）
TEL0287-36-0109

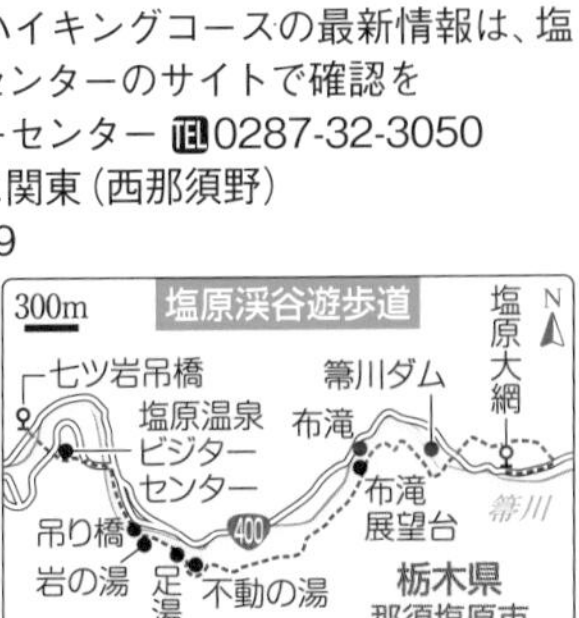

湯

塩原温泉

箒川の川沿いに湧く塩原温泉は、開湯1200年の歴史を持つ。歴史のある宿が多く、文人墨客も多く訪れたという。公共の外湯や宿の日帰り利用で良質の温泉を満喫できるうえ、足湯や手湯も点在しており、温泉街散策を楽しみつつ手軽に温泉に触れられるのも魅力だ。

埼玉県

山頂に広がるアジサイ園

簑山

みのやま

582m　2時間40分

「関東の吉野山」と呼ばれ、春はサクラで彩られる簑山は、サクラ以外の時季も多くの草花や花木が楽しめる、花の山でもあります。梅雨どきに見頃を迎えるのはアジサイ。美の山公園として整備された山頂の一角、アジサイ園地に約4500株ものアジサイが咲き乱れます。花の見頃は街よりも遅く、6月下旬から7月上旬にかけて。

山頂近くに駐車場があり、車でアクセスできますが、秩父鉄道を起点にゆる山歩きを楽しみましょう。蒸し暑い時季ですから、水分補給、塩分補給を十分に行ってください。

秩父鉄道親鼻《おやはな》駅から山頂までは1時間半ほどの道のり。歩き始めてすぐ、仙元山コースと関東ふれあいの道に分岐しますが、どちらも所要時間は同じくらいです。みはらし園地から先は山頂の園地に入り、歩きやすくなります。見晴らしのよい山頂にはコンクリート造りの展望台があり、武甲山や両神山など秩父の名峰が見渡せます。

アジサイ園地は山頂展望台の東側。山の斜面にびっしりとアジサイが咲き、歩いてきた疲れも吹き飛びます。青紫色を中心に白、ピンクなど花の色や形もさまざまです。

花を十分に楽しんだら、和銅黒谷駅へ。山道を40分ほど進み、舗装道路に出たら道標に従って駅を目指します。

❶約4500株のアジサイで彩られるアジサイ園地　❷鮮やかなピンクの花も　❸山頂の展望台からは武甲山の眺めも

和銅ぶどう園　買 食

和銅黒谷駅からすぐのところにあるぶどう園。ぶどう狩りができるのは8月中旬～10月中旬だが、併設の直売所では、秩父の特産品を販売するほか、秩父の素材を使ったジェラートが味わえる。
埼玉県秩父市黒谷320
TEL0494-24-0250

：秩父鉄道親鼻駅下車
：親鼻駅（1時間10分）みはらし園地（30分）簑山（40分）和同開珎の碑（20分）和銅黒谷駅
WC：簑山山頂一帯に数カ所あり
：最新の開花状況は埼玉県のサイト内、秩父環境管理事務所のページから確認できる
問：皆野町観光協会
TEL0494-62-1462

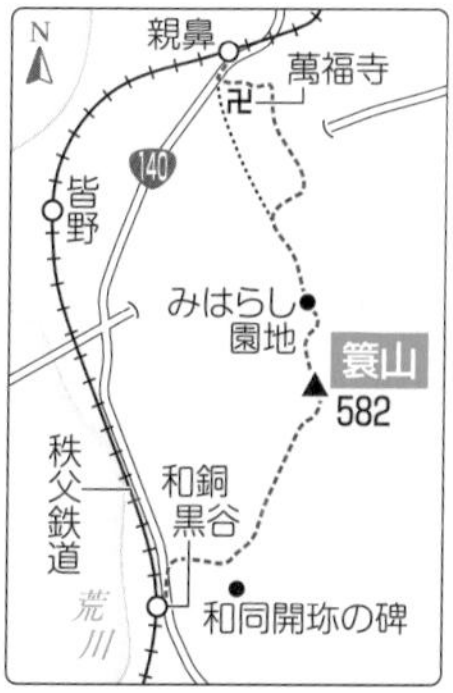

山梨県

豊かな緑と美しい渓谷

竜門峡

りゅうもんきょう

1050m　1時間35分

暑い夏は渓谷歩道歩きが楽しみ。山梨県甲州市にある日川渓谷は、川面からのひんやりした風や、響き渡るせせらぎが涼感を増してくれます。田野地区から天目地区にかけての区間は竜門峡と呼ばれ、豊かな緑と美しい渓谷を満喫できます。歩く距離は短いですが、濡れて滑りやすいところや足場の悪い山道の登りもあるので、トレッキングシューズなど歩きやすい靴でお出かけください。

竜門峡入口バス停から川を渡り、道標に従って進みます。はじめはコンクリート舗装の道で、取水場の奥から階段を上り、山道に取り付きます。どんどん渓谷から遠ざかるように山の中に入っていきますが、炭焼き窯跡のあたりから渓谷が近くなってきます。ところどころで河原に近づき、渓流を間近に眺められます。

落合三つの滝へは丸太の橋を渡り金属の階段を上ります。上り切ると秘境の雰囲気漂う渓谷の奥に滝が三段に流れ落ちています。

落合三つの滝から渓谷沿いにしばらく進むとあずまやのある分岐。右に進めばゴールのやまと天目山温泉までは30分ほどの道のりですが、体力に余裕があるなら左の渓谷沿いの道へ。平戸の石門や、木賊《とくさ》の石割けやきなどの名所が点在します。最後に急な山道を登り切るとバス通りに。ゴールのやまと天目山温泉を目指しましょう。

❶うっそうと茂る木々と渓谷が美しい　❷落合三つの滝は秘境の滝の趣　❸大岩が積み重なった平戸の岩門

湯 やまと天目山温泉

標高約1000m、焼山沢沿いの日帰り入浴施設。男女別の大浴場、露天風呂があり、景色を眺めながらの入浴が楽しめる。高アルカリ性の温泉は肌触りがなめらかだ。館内に食堂や特産品販売スペースもあり。

山梨県甲州市大和町木賊517 TEL 0553-48-2000

電車：ＪＲ中央線甲斐大和駅から天目方面行きバス10分、竜門峡入口下車

コース：竜門峡入口バス停（35分）落合三つの滝（10分）あずまや（35分）栖雲寺（15分）やまと天目山温泉

WC：竜門峡入口、栖雲寺にあり

バス：ＪＲ塩山駅発着の便もあり

問：甲州市観光協会
TEL 0553-32-2111
栄和交通
TEL 0553-26-2344

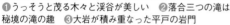

草原の花々を楽しむ

霧ケ峰

きりがみね

1925m　1時間30分

夏休みを利用して、高原散策に出掛けませんか。長野県茅野市、諏訪市、下諏訪町に広がる霧ケ峰は、のびやかな草原が広がる高原エリア。7月半ばのニッコウキスゲの時季には多くの観光客でにぎわいますが、8月もさまざまな草花を眺めつつ、爽やかな山の空気を感じながらの散策が楽しめます。

　まずは霧ケ峰最高峰の車山に登り、山頂からの展望を楽しみましょう。夏山展望リフトを利用すれば山頂駅から5分ほどで到着します。日本アルプスの山々や八ケ岳、富士山まで360度の展望。山名盤で見えている山を確認してみましょう。

　車山山頂からはいったん車山乗越に下り、なだらかな草原の斜面を進んで車山肩を目指します。ヤナギランやアカバナシモツケなどの濃いピンク色の花が青々とした草原の中でよく目立ちます。淡い紫で華やかな花姿のマツムシソウも目につきやすいです。

　車山肩で散策を終えてもよいですが、ビーナスライン沿いの散策路を進んで霧ケ峰インターチェンジバス停を目指しましょう。周辺の山々を眺めつつ、心地よい草原の中を進むと、霧ケ峰インターチェンジバス停に到着。体力に余裕があるなら、霧鐘塔まで足を延ばしてもよいでしょう。往復30分の道のりです。

❶車山肩周辺はのびやかな草原　❷車山山頂付近から白樺湖方面を望む　❸鮮やかな黄色が目を引くニッコウキスゲ

車山高原ビジターセンター（観）

車山高原バス停からすぐ。車山を中心とした周辺地域の観光情報を得ることができる。車山や霧ケ峰の自然、文化、歴史などをパネル展示で紹介もしており、霧ケ峰散策や車山登山のときには最初に立ち寄りたい。エコツアーやクラフト教室なども随時開催。

：ＪＲ中央線茅野駅からバス１時間、車山高原下車。車山高原からリフトで山頂駅へ

：リフト山頂駅（5分）車山（15分）車山乗越（30分）車山肩（40分）霧ケ峰インターチェンジバス停

WC：車山肩、霧ケ峰インターチェンジバス停付近にあり

：バスは最新の時刻表で運行期間やダイヤの確認を

問：茅野市観光協会
TEL 0266-73-8550
アルピコ交通（茅野）
TEL 0266-72-2151
車山高原SKYPARK RESORT
TEL 0266-68-2626

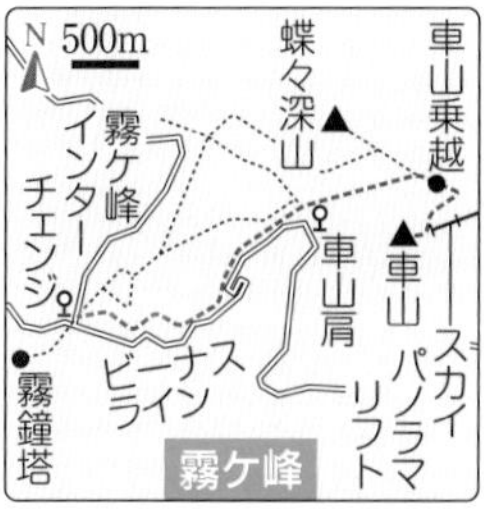

群馬県

斜面に咲き匂う大群落

たんばらラベンダーパーク

たんばらららべんだーぱーく

1350m　1時間20分

群馬県の玉原《たんばら》高原は冬はスキー場として多くの人でにぎわいますが、夏はラベンダーの花園となります。約5万株のラベンダーの群落が広がる夏限定の花の名所を訪ねてみませんか。例年は6月末から8月末に開園します。

入り口で入園料を支払い、入場します。園内は自由に散策することができ、最高地点の大展望台まで周遊すると1時間半程度。標高差があり、途中まで夏山リフトを利用するのもおすすめです。

ラベンダー畑が広がるのは夏山リフト山頂駅の先。なだらかな山の斜面にびっしりとラベンダーが咲き乱れています。お花畑の中を歩けるように遊歩道がしつらえられていて、ラベンダーに囲まれると周りからよい匂いが立ちのぼってくるのが分かります。

写真を撮ったり景色を楽しみながら上っていくと大展望台へ。ラベンダーのお花畑を眼下に見渡すことができて壮観です。十分に景色を楽しんだら山麓に向かいます。園内にはラベンダー以外にも、サルビアやアナベルなど、色とりどりの夏の花々が咲いています。入り口すぐのひまわりガーデンも見応えがあります。

散策後もお楽しみはたくさん。園内には上州グルメの味わえるレストハウスや、ラベンダーを使用したオリジナルグッズを販売する売店もあります。

❶咲き匂うラベンダー畑の中を歩く　❷入口付近のお花畑は色とりどり　❸通路からひまわり畑を見下ろせる

買　ラベンダーグッズ

園内のショップでは、たんばら産のラベンダーを使ったオリジナルグッズが豊富に揃う。定番のドライフラワーやポプリなどのほか、ラベンダーオイル、石けん、バスソルトなどが人気。ラベンダーを取り入れたお菓子なども。自宅でもラベンダーを楽しみたい。

電車：ＪＲ上越線沼田駅から直行バス45分
コース：ラベンダーパーク入り口（20分）レストハウス（20分）大展望台（40分）ラベンダーパーク入り口
WC：園内各所にあり
メモ：ラベンダーパーク直行バスは１日３往復の運行。上越新幹線上毛高原駅発着便もあり。ラベンダーパークの入園とリフトは有料。開園８時半～17時
問：たんばらラベンダーパーク
TEL 0278-23-9311

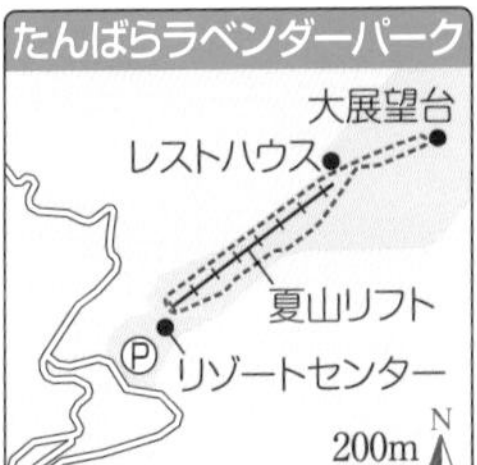

夏でも涼しげ、金太郎ゆかりの滝

夕日の滝

ゆうひのたき

500m　0時間40分

梅雨どき、多少の雨でも楽しめる滝見ハイキングに出掛けましょう。

金太郎伝説が残る金時山の山麓、南足柄市にある夕日の滝は、金太郎が産湯をつかった場所として語り継がれています。名前の由来は夕日が滝に当たったときの美しさからとも、毎年1月半ばに夕日が滝の落ち口に沈んでいくのが見られることから、ともいわれています。

地蔵堂バス停から、舗装道路を緩やかに上っていきます。ところどころに「夕日の滝」への道標があり、金太郎の顔はめ看板もあります。里山の雰囲気を味わいながら歩いていくと、道中に金太郎生家跡の看板が。建物の跡はなく、今は広場になっています。

金時山へ向かう登山道との分岐で、道標に従って左側の小道に入ります。ここからは未舗装の散策路。平坦で歩きやすいですが、濡れていると足元が滑りやすいので注意して進みましょう。左手にキャンプ場の建物を見ながら進み、小さな沢を橋で渡るとほどなく滝が現れます。

落差23メートル、岩肌を豪快に、音をたてて流れ落ちる滝が圧巻。滝つぼ間近まで近づくことができ、水しぶきが風に漂ってくると夏でもひんやり。滝のそばでマイナスイオンを浴びていきましょう。

帰りは来た道を戻ります。

❶流れる姿も美しい夕日の滝　❷金太郎の力水。清らかな水が流れている　❸風情あふれるたたずまいの地蔵堂

まちの駅あしがら　買

地元足柄の特産品の販売や観光情報の発信をしている。新鮮な野菜や農産物の直売のほか、お土産に最適なスイーツなども販売。ハイキングコースについての情報もここで得られる。
神奈川県足柄上郡松田町松田惣領1216
TEL0465-44-4820

🚃：伊豆箱根鉄道大雄山線大雄山駅（関本）から箱根登山バスで30分、地蔵堂下車
▷：地蔵堂バス停（20分）夕日の滝（20分）地蔵堂バス停
WC：地蔵堂バス停下駐車場にあり
ⓘ：小田急線新松田駅から、関本経由地蔵堂行きバスもあり
問：南足柄市役所
TEL0465-74-2111
箱根登山バス（関本）
TEL0465-74-0043

落差70メートル　奥日光の名瀑

湯滝

ゆだき

1475m　1時間40分

見ているだけで涼しくなる、とっておきの涼感スポットに出掛けませんか。ご紹介するのは奥日光、湯ノ湖の南端に位置する湯滝です。

落差70メートル、長さ110メートルの滝が、湯ノ湖から湯川に向かって流れ落ちています。湯滝入口バス停からアクセスすれば10分ほどの道のりですが、戦場ケ原の散策とあわせて自然景観を楽しみましょう。

スタートは光徳入口バス停。山々に囲まれた戦場ケ原の湿原風景を楽しみながら進みます。小田代橋からは湿原を離れて樹林帯へ。ところどころで湯川の流れを見ながら歩きます。木の根などが出て足元の悪いところもあるので慎重に。小田代橋から30分ほどで湯滝に到着します。

レストハウスの先に観瀑台があり、滝の全容を眺めることができます。観瀑台は滝を見上げるようなロケーション。あたりに水しぶきが細かくあがり、夏でもひんやりとした空気です。ゆっくり時間をとって美しい滝を観賞していきましょう。

湯滝からは湯ノ湖の湖畔につけられた散策路を歩いて湯元温泉バス停を目指します。滝の脇を通り、どんどん登っていきます。湯ノ湖の湖畔は針葉樹と広葉樹の原生林が広がり、自然景観を楽しみながら散策ができます。

❶落差も大きく迫力満点の湯滝　❷木道がしつらえられた散策路を進む
❸湿原に咲いているヒオウギアヤメ

食

湯滝レストハウス

湯滝を間近に望む滝つぼのすぐそばに店を構えるレストハウス。店頭のいろりでは鮎の塩焼きや焼き団子を販売しており、焼きたてを味わえる。店内ではそばやうどん、カレーライスなどのフードメニューも。
栃木県日光市湯元2499
TEL0288-62-8611

🚌：東武日光駅から東武バス湯元温泉方面行きで1時間15分、光徳入口下車

▶：光徳入口バス停（30分）小田代橋（30分）湯滝（40分）湯元温泉バス停

WC：湯滝周辺にあり

💡：日光湯元温泉の源泉を引いた足湯がある。湯元温泉バス停から徒歩5分

問：日光市観光協会
TEL0288-22-1525
東武バス日光（日光）
TEL0288-54-1138

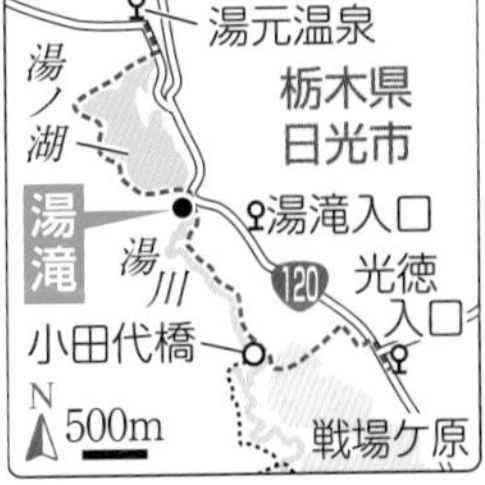

栃木県

お鉢めぐりで山頂一周

那須・茶臼岳

なす・ちゃうすだけ

1915m　1時間50分

温泉と山歩きを組み合わせる「ゆる登山」はいかがでしょう。那須岳の主峰・茶臼岳はロープウエーで山頂近くまで行くことができるアクセスのよさもあり、人気の高い山。現在も活発な火山活動を続けている山で、山のあちこちで活動の様子を見ることができます。

ロープウエーの山頂駅から茶臼岳の山頂までは40～50分の登り。とはいえ砂地で滑りやすいところがあったり、上部は大きな石の間をぬうように進むところもあります。足元に十分注意して歩きましょう。茶臼岳の山頂はお鉢になっていて、一周することができます。山頂からは関東平野を一望に見渡せ、天気に恵まれれば尾瀬の山々や、会津磐梯山など東北の山々も眺められます。

山頂からは峰ノ茶屋跡避難小屋方面に下り、避難小屋からは、山の中腹につけられた道を進みましょう。進み始めてすぐに、山の斜面のあちこちから噴気が激しく上がっている無間地獄に出ます。硫黄のにおいがあたりに漂い、山の活動の力強さを感じるところです。無間地獄を足早に通り過ぎると牛ケ首へ。秋にはこのあたりの斜面が紅葉し、真っ赤な絨毯《じゅうたん》のような姿を見せます。

緩やかに下っていくと、ほどなく山頂へ向かう道と合流し、山頂駅までは10分ほどの道のりです。

❶ところどころで噴煙が上がる山頂付近　❷荒々しい山容の朝日岳　❸ロープウェイ山頂駅付近から茶臼岳を望む

観

那須ロープウェイ

那須岳の山麓から、標高1684mの9合目までをつなぐロープウエー。窓からの眺めがすばらしく、那須連山をはじめ周辺の山々が一望に見渡せる。山頂の展望台からの眺めもよい。山頂駅、山麓駅それぞれに売店あり。運行は3月中旬～11月末で、積雪期は運休する。

🚉：ＪＲ東北線黒磯駅から東野バスで１時間、那須ロープウェイ下車。ロープウエーで山頂駅へ

🥾：ロープウェイ山頂駅（40分）茶臼岳（20分）峰ノ茶屋跡避難小屋（30分）牛ケ首（20分）ロープウェイ山頂駅

WC：ロープウエー各駅にあり

⚠：強風・荒天時はロープウエーは運休。天気予報を確認

問：那須町観光協会
℡0287-76-2619
関東自動車
（那須塩原）
℡0287-74-2911
那須ロープウェイ
℡0287-76-2449

東京都

深緑にきらめくダム湖

鳩ノ巣渓谷

はとのすけいこく

250m　1時間00分

水と緑の渓谷歩道を歩いてみませんか。奥多摩・鳩ノ巣渓谷は、大多摩ウオーキングトレイルとしてＪＲ青梅線古里《こり》駅から奥多摩駅までのルートが整備されていますが、渓谷沿いのいいとこ取りルートをご案内します。

スタートは鳩ノ巣駅。青梅街道を渡り、川沿いの遊歩道に入っていきます。水音が心地よく、青々と茂った木々が快適な木陰を作り出しています。川の上流に向かって、遊歩道を進み、つり橋の鳩ノ巣小橋を渡ります。橋の上から渓谷のダイナミックな景色を満喫しましょう。

ここからは渓谷を右手に眺めながら進みます。空の色を映した深い青色の水がゆったりと流れ、真っ白い岩とのコントラストが美しいです。藪《やぶ》が茂っているところ、岩が露出して少し滑りやすいところがあるので十分注意して進みます。

石の階段をひと登りし、あずまやを通過すると白丸ダムへ。湖岸道を進みます。広葉樹の林の中の歩きやすい道。右側に広がるダム湖はエメラルドグリーンの水をたたえていて、対岸の木々が湖面に映り込むさまも美しいです。ダム湖でカヌーを楽しむ人の姿も見られるかもしれません。

白丸ダムをあとにして山道をひと登りすると数馬峡橋へ。橋で多摩川を渡り、道標に従ってゴールの白丸駅を目指します。

①白い岩壁の間を水が流れていく　②エメラルドグリーンの水をたたえた白丸ダム　③鳩ノ巣小橋から渓谷を眺める

食

カフェ山鳩

鳩ノ巣駅前に立つカフェ。木のぬくもりが感じられる店内でのんびりとくつろげる。奥多摩の野菜をふんだんに使ったフードメニューや、やさしい甘みが広がる手作りケーキが人気。
東京都西多摩郡奥多摩町棚沢776
TEL0428-85-2158

- 🚉：ＪＲ青梅線鳩ノ巣駅下車
- ▷：鳩ノ巣駅(30分)白丸ダム分岐(20分)数馬峡橋(10分)白丸駅
- WC：鳩ノ巣駅、白丸駅近くにあり
- !：草が生い茂っているところもあるので、肌を露出しない服装が安心。虫よけスプレーなども持参するとよい
- 問：奥多摩観光協会 TEL0428-83-2152

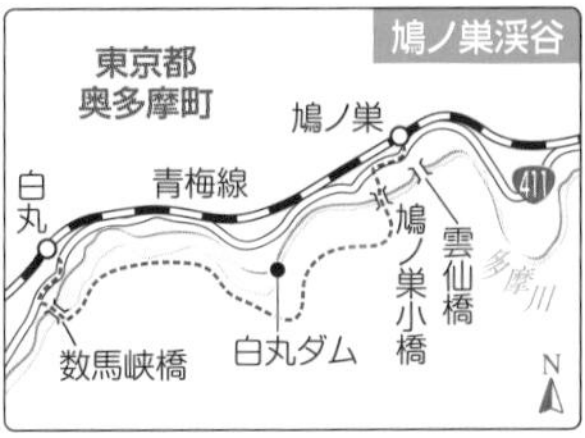

長野県

沢のせせらぎ耳に歩く

横谷峡《よこやきょう》

1530m　1時間10分

滝をめぐる渓谷ハイキングを楽しみませんか。長野県・奥蓼科温泉郷にある横谷峡をご案内します。北八ケ岳の西側斜面、渋川に沿って約6キロの遊歩道が整備されています。紅葉の名所として知られていますが、夏は水と緑を満喫する、清涼感あふれる森林浴・滝見ハイキングが魅力です。

横谷峡入口バス停からスタート。歩き始めて10分ほどで乙女滝が現れます。乙女という名前に似合わず豪快な美しい滝が水しぶきを上げています。晴れた日の午前中早い時間は、水しぶきに陽光が当たり、虹がかかっているように見えることがあるそうです。

沢のせせらぎを耳にしながら、渋川沿いの散策路を進みます。緩やかな登り道ですが、道標もしっかりつけられ、整備されて歩きやすい道です。続いて現れるのは霧降の滝。大きな岩を流れ落ちる幅広の滝です。

さらに、緑の中を縫うように流れる小滝の屏風岩、赤っぽい岩盤を清流が流れ落ちる一枚岩を経て、王滝へ。二段に流れ落ちる滝を眺めることができます。

王滝からは階段を上り、横谷観音を目指します。かなりの急坂なので、ゆっくり、息を整えながら。展望台から渓谷の眺めや中央アルプスの山々の景色を楽しんだら、ゴールの横谷観音入口バス停はもうすぐです。

❶豪快に流れ落ちる迫力満点の乙女滝　❷歩きやすい散策路を進む
❸トイレと休憩所が設けられている

モン蓼科（食）

茅野駅の駅ビル、ベルビア2階の食堂で、電車の待ち時間にも便利。和洋の定食、丼もの、うどん、そばなどメニュー豊富で一番人気はソースカツ。ケーキなどのカフェメニュー、お酒と味わえるおつまみ類も。
長野県茅野市ちの3502-1
TEL 0266-73-0100

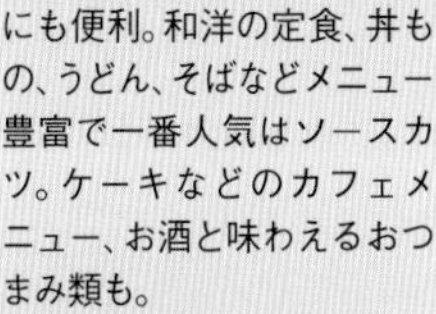

：ＪＲ中央本線茅野駅からアルピコバス30分、横谷峡入口下車

：横谷峡入口バス停（5分）乙女滝（15分）霧降の滝（30分）王滝（20分）横谷観音入口バス停

WC：横谷峡入口バス停ほか数カ所

：横谷峡入口バス停へはメルヘン街道バスか、季節運行の麦草峠線でアクセスできる

問：茅野市観光協会 TEL 0266-73-8550
アルピコ交通（茅野）TEL 0266-72-2151

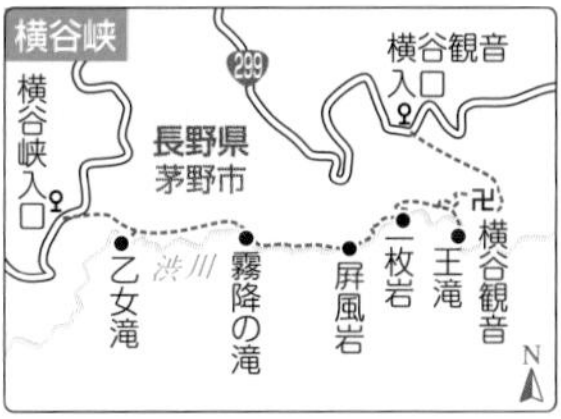

長野県

立ち枯れた木々作る景観

縞枯山

しまがれやま

2403m 1時間50分

暑い夏は標高が高く涼しい山へ。北八ケ岳・縞枯山は、苔《こけ》の森と、立ち枯れた木々の景観を見られる山です。

登山のスタートは北八ヶ岳ロープウェイ山頂駅から。この地点で標高は2237メートルです。坪庭自然園を左手に見ながら整備された散策路をしばらく進むとのびやかな草原に。青いとんがり屋根の山小屋、縞枯山荘が景色のアクセントになっています。さらに進むと登山道が四つ角になっている雨池峠に出るので、右に曲がって縞枯山への登り道に取り付きます。

ここからはかなり本格的な山道。木の根が出ているところ、石がゴロゴロとしているところもあり、傾斜もそれなりに急です。足元に注意し、ゆっくり進みましょう。シラビソが茂る樹林、地面にはみずみずしい苔も見られます。

最後の急斜面を頑張って登り切ると縞枯山の山頂。それほど広くない山頂には、白く立ち枯れた木々が何本も見られ、独特の風景をつくり出しています。帰りは来た道を戻ります。雨池峠までは十分足元に注意して進みましょう。

歩く時間は短いですが歩き慣れた人向けのルートで、登山専用の装備が望ましいです。歩き慣れていない方なら、坪庭の散策と雨池峠までの往復でも。縞枯山荘で周囲の山々の景観を楽しみながらのティータイムもよいものです。

❶縞枯山の山頂は立ち枯れた木々が独特の雰囲気をかもし出す　❷針葉樹の中の急登
❸草原の中に立つ縞枯山荘

山のカフェ 2237 買 食

北八ヶ岳ロープウェイ山頂駅の喫茶・売店。山バッジなどの定番商品のほか、高山植物の「こけもも」の果実を使ったお土産が人気。なかでもおすすめはこけももをあんに練り込んだこけももまんじゅうや、ほどよい甘みのこけももジュース。
TEL 0266-67-2009

🚃：ＪＲ中央線茅野駅からアルピコバス１時間、北八ヶ岳ロープウェイ下車、同ロープウェイで山頂駅まで７分

▶：山頂駅（20分）雨池峠（40分）縞枯山（50分）山頂駅

WC：ロープウェイ山麓駅、山頂駅にあり

💡：標高が高く夏でも涼しい。防風、防寒に薄手のウインドブレーカーなどを

問：茅野市観光協会
TEL 0266-73-8550
アルピコ交通（茅野）
TEL 0266-72-2151
北八ヶ岳ロープウェイ
TEL 0266-67-2009

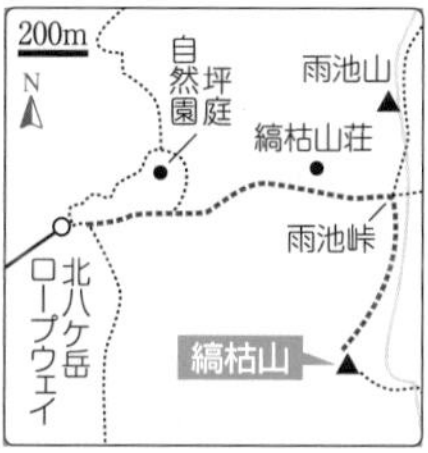

ゆる山旅 02

花の浮島で楽園散歩

北海道・礼文島

フェリーでアクセス、最果ての島へ

日本最北端の地・稚内からフェリーで2時間、「花の浮島」の異名を持つ礼文島。すぐ隣には、日本百名山のひとつである利尻山を擁する利尻島があります。

緯度の高さや、独特の気候風土の影響により、本州の標高2000メートル級の山々で見られるような高山植物を、この島では海抜0メートルから見ることができます。レブンアツモリソウやレブンウスユキソウなど、島を彩る高山植物はおよそ300種類。礼文島でしか見られない固有種も多いのです。花は5～8月に見られますが、咲いている種

類が多く華やかなのは6、7月。
礼文島を代表するグルメのひとつがウニ。甘くコクのあるウニをウニ丼などで味わうことができます。

花の宝庫、桃岩展望台

お花見ハイキングルートとして人気が高いのは、桃岩展望台周辺。桃岩登山口から島の最南端・知床へ向かう所要約3時間のハイキングコースがあります。歩きやすい遊歩道が設けられ、道の両側にはさまざまな花が咲き乱れます。花を探しながらのんびり、ゆっくり歩くのがおすすめです。

黄色い花がよく目立つレブンキンバイソウやエゾカンゾウ、白い姿が目立つのはエゾノハクサンイチゲ、草むらで目をこらせばハクサンチドリやチシマフウロなど紫色の花もちらほらと。お花畑の向こうには真っ青な海が広がり、東側に目をやれば美しい利尻山の姿も眺められます。

絶景の岬をめぐる

花の美しさとともに礼文島の魅力となっているのが、透明感のある青い海。絶景の岬を訪ねましょう。礼文島最北の岬・スコトン岬や、断崖に囲まれたエメラルドグリーンの海が美しい澄海《すかい》岬。すばらしい景色が広がっています。

礼文島は、東海岸にだけ車道が通っていて、西海岸はウオーキングコースになっています。全部歩き通すのは時間がかかり体力も必要ですが、一部を歩いてみるだけでも海と花の景観を楽しめるでしょう。

秋

ひときわ色鮮やかな季節。
空は青く澄み、やわらかな日ざしが森に降り注ぎます。
色づいた木々が山を覆い、まさに「錦秋」。
晩秋、赤や黄色の落ち葉の絨毯も素敵です。
里山の民家の軒先には干し柿、庭には秋の花。
わくわくしながら山を見回すのです。

天城の美しい自然満喫

踊子歩道

おどりこほどう

700m　2時間30分

川端康成の名作「伊豆の踊子」で描かれる伊豆・天城の美しい自然を満喫する、ゆる山歩きはいかがでしょう。踊子歩道は、浄蓮の滝から天城峠を越えて湯ケ野に至る、全長20キロ弱のコース。全行程を歩こうとすると5時間以上かかりますが、ところどころでバス路線のある国道に出ることができ、お好みの場所をピンポイントで歩くこともできます。

スタートは浄蓮の滝バス停から。歩き始める前に浄蓮の滝を見ていきましょう。落差25メートルの豪快な滝を観瀑台から眺められます。はじめは里山風景を楽しみながらの舗装道路歩き。ところどころに道標が立てられています。舗装道路が終わり、山道に入ると空気がひんやりとして森の匂いがいっぱいに漂ってきます。歩きやすく整備された散策路を進んでいき、再び車道に出るとほどなく道の駅天城越えへ。山歩きの道中のおやつを買ったり、名物のわさびソフトクリームを味わうのもよいでしょう。

ここからは本谷川沿いを歩きます。豊かな緑のなか、川のせせらぎが心地よく響き渡り、ところどころから美しい渓谷の風景も眺められます。天城遊々の森を過ぎ、国道４１４号の下をくぐるとほどなく旧天城トンネルへ。明治時代に開通した、石造りのトンネルの中を通って進みます。

❶滑沢渓谷の美しい流れが間近に
❷歴史を感じる旧天城トンネル
❸豪快に流れ落ちる浄蓮の滝

道の駅天城越え 買 食

国道414号沿いに立つ道の駅。わさびをはじめとする天城の名産品を購入できるほか、猪肉、鹿肉などが味わえるレストランも併設する。すりおろしたわさびがのったわさびソフトクリームが名物。
静岡県伊豆市湯ヶ島892-6
TEL 0558-85-1110

- 🚌：伊豆箱根鉄道修善寺駅から東海バスで35分、浄蓮の滝下車
- ▶：浄蓮の滝（50分）道の駅天城越え（1時間10分）伊豆の踊子文学碑（30分）旧天城トンネル
- WC：道の駅天城越え、旧天城トンネル入り口など
- 💡：バスの本数が少ないので最新の時刻表でダイヤの確認を
- 問：伊豆市観光案内所
  TEL 0558-99-9501
  新東海バス
  TEL 0558-72-1841

静岡県

豊かな森と滝めぐり楽しむ

河津七滝

かわづななだる

600m　3時間00分

名作「伊豆の踊子」の世界に触れる道。旧天城トンネルからしばらくは車の往来もある広い道。途中から道標に従って再び山道に入ります。はじめ少し道が分かりにくく、踏み跡を注意深くたどっていくと道標が出てきます。

　この先も心地よい沢沿いの道。途中には幅広に流れ落ちる平滑《ひらなめ》の滝があり、河原に下りて滝を間近から眺めることもできます。さらに山道を進んでいくと、あずまやのある宗太郎園地に到着。ここからは道幅が広く歩きやすい未舗装の道になります。道沿いには樹齢130年を超える杉が杉並木を作り出しています。

　杉並木を抜けてしばらく進むと河津七滝へ。落差30メートルの大滝を筆頭に、釜滝、エビ滝、蛇滝、初景滝、カニ滝、出合滝の7つの滝があります。七滝のみをめぐるなら片道約1時間ほどです。

　「河津七滝めぐり」の道標に従って木の階段を下っていきます。滝めぐりのルートは木の階段のアップダウンが続きますが、かなり急なところもあり、さらに濡れていると滑りやすいため、慎重に進みましょう。はじめに現れる釜滝は水しぶきがあがり、豪快な雰囲気。伊豆の踊子像が立つ初景滝から先は平坦《へいたん》な散策路となります。

　温泉旅館の敷地内にある大滝を眺めたら、来た道を少し戻り河津七滝バス停に向かいましょう。

❶河津七滝最大級の大滝　❷初景滝の前には伊豆の踊子像
❸天城はわさびの産地。清冽な水がわさびを育む

天城のわさび（食）

伊豆の名産品のひとつがわさび。生わさびやわさびの加工品は、お土産にも喜ばれる。近年、天城の名物グルメとして注目を浴びているのが「わさび丼」。白飯の上にかつおぶし、すりたてのわさびをトッピングしたもの。わさびの辛さと風味が味わえる逸品だ。

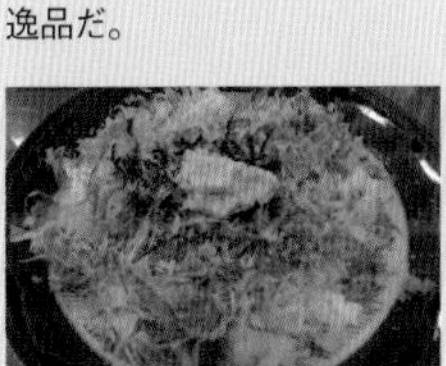

：旧天城トンネル入り口へは伊豆箱根鉄道修善寺駅から東海バス約45分、水生地下バス停下車、徒歩30分

：旧天城トンネル入り口（1時間30分）宗太郎園地（40分）釜滝入り口（50分）河津七滝バス停

WC：宗太郎園地、河津七滝バス停にあり

：河津七滝バス停周辺には温泉宿が点在、日帰り入浴対応の宿も

問：伊豆市観光案内所
TEL 0558-99-9501
河津町観光協会
TEL 0558-32-0290
新東海バス
TEL 0558-72-1841

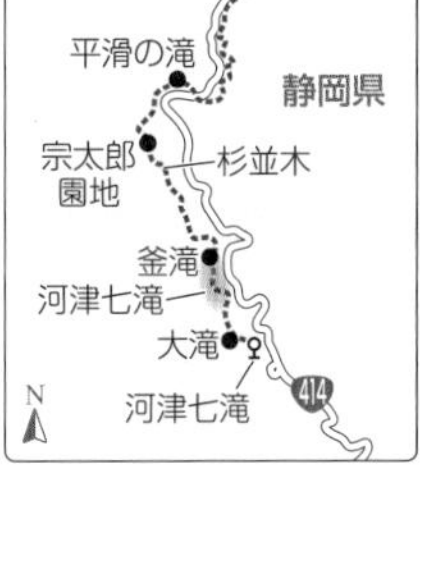

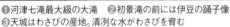

水しぶきも豪快な二段滝

飛龍の滝

ひりゅうのたき

650m　1時間20分

日本有数の温泉リゾート地、箱根。箱根外輪山に囲まれており、ハイカーにも人気の山域です。短時間で歩ける散策路が数あるなかで、神奈川県内でも最大規模の滝といわれる飛龍の滝をめざします。歩くのは短時間ですが、本格的な山道なので登山、トレッキング用の靴が安心です。

スタートは、箱根寄木細工で知られる畑宿バス停から。寄木会館の脇の道路を登り、看板の表示に従って飛龍の滝への散策路に入っていきます。急なコンクリート舗装の道から始まり、濡れて足場の悪い山道などを交え、進みます。畑宿バス停から40分ほどで、飛龍の滝と鷹巣山方面への分岐に。道標に従って左に曲がり、飛龍の滝を目指します。

上段は15メートル、下段は25メートル、2段に流れ落ちています。鎌倉時代には修験者の修行の場でもあったといわれます。ごつごつとした岩肌を流れ落ちる滝は、水しぶきも豪快。とくに雨上がりで水量の多いときは名前の通り「龍が飛ぶ」ような印象です。滝の姿を眺めながら一息ついていくとよいでしょう。

帰りは来た道を戻ります。濡れて足場の悪いところは慎重に下るように。下山後はバスで箱根湯本に戻り、温泉で汗を流して帰りましょう。日帰り利用のできる温泉宿も数多くあります。

2段になって流れ落ちる豪快な滝。岩にはね返る水しぶきも美しい

畑宿の寄木細工

買

箱根の伝統工芸品として知られる寄木細工。さまざまな種類の木材を組み合わせて作られる、精巧な幾何学模様が美しい。須雲川沿いの集落、畑宿には寄木細工の工房が点在し、お土産に寄木細工を求めることができたり、職人の技を見学することもできる。

- 🚃：箱根登山鉄道箱根湯本駅からバス15分、畑宿下車
- ▶：畑宿バス停（40分）飛龍の滝分岐（5分）飛龍の滝（35分）畑宿バス停
- WC：畑宿バス停付近にあり
- ！：歩き慣れた人なら飛龍の滝から鷹巣山を経て小涌谷駅へ向かってもよい
- 問：箱根町総合観光案内所 TEL0460-85-5700
  箱根登山バス（小田原）TEL0465-35-1271
  伊豆箱根バス（小田原）TEL0465-34-0333

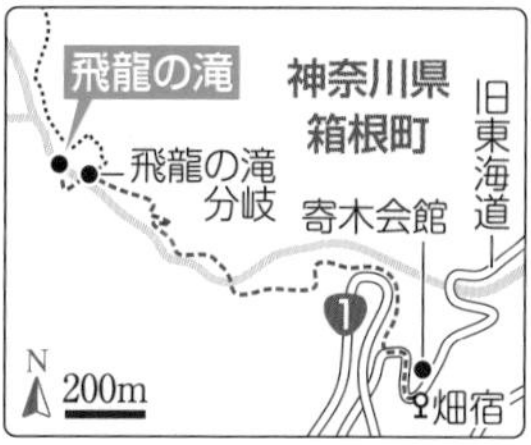

頂を目指さない山行

富士山御中道

ふじさんおちゅうどう

2400m　1時間40分

標高3776メートル、日本で一番標高が高く、日本を代表する山・富士。夏は山頂を目指す多くの登山者でにぎわいます。

富士山の頂を目指さなくても楽しめるのが、五合目周辺のゆる山歩き。登山シーズンをはずせばマイカー規制も解除されますし、路線バスでも大きな混雑なく楽しめます。

富士山御中道は、もともとは富士講信者が修行をするために歩かれていた、富士山の五～六合目付近をぐるりと一周するルート。現在はそのうちの一部がハイキングルートとして整備されています。ご紹介するのは、富士スバルライン五合目から御庭までです。

多くの観光客でにぎわう富士スバルライン五合目からスタート。ところどころ石が敷かれている道をゆるやかに進んでいきます。遊歩道の脇にはシャクナゲやダケカンバ、カラマツなどの木々が見られます。富士山らしい荒涼とした風景と緑豊かな樹林が交互に現れ、視界が開けると山麓の風景や遠くの山々、さらには富士山の山頂部が眺められるところも。

森林限界近く、御庭まで下ってくると、小さな噴火口を見ることができます。かつて営業していた御庭山荘の建物跡地付近から、富士スバルラインへの下り道に入りましょう。足元に注意しながら御庭バス停に向かいます。

❶御庭から望む富士山　❷シャクナゲの花の見頃は7月
❸夏は多くの人で賑わう富士スバルライン五合目

観

富士山小御嶽神社

富士スバルライン五合目に立つ神社。937年に小御岳山の山頂に創建されている。五合目の売店が立ち並ぶ奥に本殿が立ち、多くの参拝者を出迎える。縁結びや交通安全などのご利益がある勝男木くぐりなども。本殿奥の展望台は山中湖などを望む絶景ポイントだ。

：富士急行富士山駅から富士急山梨バスで1時間5分、富士スバルライン五合目下車

：富士スバルライン五合目（1時間10分）御庭山荘跡地（30分）御庭バス停

WC：富士スバルライン五合目、御庭バス停付近にあり

：防寒対策として薄手のフリースの上着やウインドブレーカーなどを持参

問：鳴沢村役場企画課
TEL 0555-85-2312
富士急バス
TEL 0555-72-6877

紅葉と日光連山の展望

神ノ主山

こうのすやま

842m　1時間55分

秋も真っ盛り、駅を起点に紅葉の山歩きはいかがでしょう。日光市街にそびえる鳴虫山は、東武日光駅またはJR日光駅を起点に歩くことができる、地元の人にも人気の山です。とはいえかなり高低差があり、歩きにくい箇所もある、登山経験者向けの山。鳴虫山の手前にそびえる神ノ主山までなら駅から1時間強で登ることができます。短時間ではありますがそれなりに高低差がありますので、登山専用の装備が必要です。

東武日光駅からは国道を進んで登山口へ。ところどころにある登山口への道標を見落とさないようにします。登山口からしばらくは雑木林。見上げると紅葉した木々が色鮮やかです。晩秋はこれらの葉がじゅうたんのように登山道を覆っているのも美しいものです。

雑木林から杉林になり、どんどん標高を上げていきます。「神ノ主山」の道標が現れると少し登りが急になり、足場も悪くなります。ゆっくり、息を整えながら進みましょう。登り切ると神ノ主山の山頂です。

山頂は北側が開けていて、日光連山が見渡せます。形のよい円すい形の山、日光男体山がよく目立ちます。晩秋にはこれらの山々にうっすらと雪がかぶっているかもしれません。帰りは来た道を戻ります。足場の悪いところはとくに慎重に下りましょう。

❶神ノ主山山頂から日光連山の眺め　❷静けさ漂う針葉樹の森を進む
❸赤や黄色の葉が散り、絨毯のよう

食

明治の館
ケーキショップ

東武日光駅からすぐ、日光に店を構える西洋料理レストランのケーキショップ。人気のチーズケーキをはじめとするスイーツを販売するほか、店内でイートインもできる。
栃木県日光市松原町4-3
TEL 0288-54-2149

：東武日光駅またはＪＲ日光線日光駅下車
：東武日光駅（15分）登山口（50分）神ノ主山（50分）東武日光駅
WC：登山道中にトイレなし
：日光の名物は湯波（ゆば）。市内には湯波料理の店が点在するほか、お土産にも喜ばれる
問：日光観光協会
TEL 0288-22-1525

埼玉県

奥武蔵の山々　展望楽しむ

多峯主山

とうのすやま

271m　1時間40分

晩秋、関東の紅葉は山から里へと下りてきます。ひんやりした空気を感じながら、紅葉の里山歩きを楽しみませんか。飯能市にそびえる多峯主山は奥武蔵の山々の展望が自慢です。隣の天覧山とあわせて里山ハイキングを楽しみましょう。

飯能駅をスタートし、まずは天覧山を目指します。能仁寺の脇の登山口から舗装道路を進んでいきますが、11月半ばは道沿いのカエデやツツジの紅葉が見事です。途中の広場から登山道を20分ほど進むと天覧山の山頂。コンクリートの展望台があり、奥多摩、丹沢の山々が眺められます。

天覧山からいったん丸太の階段を下り、多峯主山を目指します。義経伝説の残る見返り坂を緩やかに登り、心地よい雑木林の中を進んでいきます。最後にちょっとした岩場を登り切れば多峯主山の山頂に到着。

武甲山など奥武蔵の山々が見渡せ、天気に恵まれれば東側に東京スカイツリーも眺められます。ベンチやテーブルもあるので、ひと休みしましょう。

多峯主山からは「御嶽八幡神社」方面の道標に従って進みます。御嶽八幡神社の前も展望が開け、のどかな里山の風景が眺められます。さらに石段を交えた山道を下り、ゴールの永田大杉バス停を目指します。

❶多峯主山山頂からの眺め　❷山頂の経塚には経文を書いた石が埋められているという　❸山頂直下の古い石段が趣たっぷり

観

飯能中央公園

飯能駅から徒歩10分、天覧山の登山口にある公園。園内には鉄腕アトムの像が立つ。遊具も多く、子供たちの遊び場として人気が高い。市内有数の桜の名所でもあり、ソメイヨシノやしだれ桜などが咲く。例年見頃に合わせてさくらまつりも開催されている。

🚉：西武池袋線飯能駅下車

▷：飯能駅（20分）登山口（30分）天覧山（30分）多峯主山（20分）永田大杉バス停

WC：登山口（能仁寺前）、天覧山中段にあり

♀：飯能の銘菓・四里餅。永田大杉バス停から徒歩5分の大里屋本店で販売している

問：奥むさし飯能観光協会 TEL042-980-5051
国際興業バス（飯能）TEL042-973-1161

長野県

3000メートル級の紅葉

千畳敷カール

せんじょうじきかーる

2612m 0時間40分

秋の山の楽しみのひとつが紅葉。木々は標高の高い山から色づき始め、山麓に向かって徐々に下りていきます。

3000メートル級の山々の紅葉が始まるのは9月半ばから。一足早く紅葉風景を見にいきませんか。中央アルプス・木曽駒ケ岳は、標高約2600メートルまでロープウエーでアクセスすることができ、千畳敷カールの散策であれば、ゆる山歩きを楽しむことができます。千畳敷カール周辺の紅葉の見頃は9月下旬から10月上旬にかけてです。

千畳敷カールは、約2万年前に氷河のゆったりとした流れにより山が削られて形成された地形。カールを1周できる遊歩道が整備されているので、時計回りに歩いてみましょう。

つらなる岩峰を前方に見ながら、石畳の道をゆるやかに登っていきます。見えている山は宝剣岳など。白い岩の峰とハイマツの緑、赤や黄色に色づいた木々のコントラストが見事です。ゆっくり歩いていくと八丁坂の分岐へ。ここで木曽駒ケ岳へ登る道と分かれます。

さらに進んでいくとほどなく、青々とした水をたたえた剣ケ池のほとりに。池に映り込む山々が美しく、時間を忘れて見入ってしまいます。剣ケ池から千畳敷駅へは10分ほどの道のりです。

紅葉の千畳敷カール。草原の草紅葉、ナナカマドの赤色が青い空や白い岩壁によく映える

湯

早太郎温泉こまくさの湯

日帰り入浴施設。男女別に大浴場と露天風呂があり、肌触りのよい温泉を満喫できる。露天風呂からは中央アルプスの眺めがすばらしい。食堂では駒ケ根名物ソースカツ丼も味わえる。菅の台バス停から徒歩5分。

長野県駒ケ根市赤穂759-4

TEL 0265-81-8100

バス：ＪＲ駒ケ根駅から伊那バス　中央アルプス観光バス45分、しらび平下車。しらび平からロープウエー８分で千畳敷駅

コース：千畳敷駅（20分）八丁坂分岐（20分）千畳敷駅

WC：千畳敷駅にあり

！：マイカー利用の場合は、菅の台バスセンターの駐車場から路線バスでしらび平へアクセスする

問：駒ヶ根観光協会 TEL 0265-81-7700

伊那バス（駒ケ根）TEL 0265-83-0007

中央アルプス観光 TEL 0265-83-3107

紅葉が色添える名瀑

吹割の滝

ふきわれのたき

640m　1時間00分

紅葉に彩られた滝を眺めに出かけませんか。群馬県・片品川の上流にある吹割の滝は、「東洋のナイアガラ」と呼ばれる名瀑《めいばく》です。滝の周辺、吹割渓谷は散策路が設けられ、変化に富んだ渓谷美を楽しむことができます。

　吹割の滝バス停から、立ち並ぶ売店を眺めながら渓谷歩道に向かいます。渓谷に降り立つところがかなり急な階段なので、慎重に進みましょう。遊歩道に降り立ったら上流に向かって歩いていきます。すべすべとした川床を水が流れていきます。渓谷の両岸は切り立った岩。進んでいくと対岸に見えるのが般若岩。よく見ると、岩壁の凹凸が般若の顔に見えてきます。

　般若岩からさらに進むと、いよいよ吹割の滝に到着です。高さ7メートル、幅30メートルの幅広の滝。渓谷がここで大きな割れ目を作り、割れ目に向かって水流が勢いよく吸い込まれていくような印象です。渓谷の両岸は赤や黄色の紅葉に彩られています。

　吹割の滝からさらに上流に進み、つり橋で浮島に渡ります。浮島には観音堂が建てられています。浮島からはさらに橋を渡って対岸に進み、詩のこみちと名付けられた遊歩道へ。うっそうと樹林が茂り、木々の間からちらほらと渓谷を眺められます。浮島までで十分楽しめたという方は、対岸に渡らず来た道を戻りましょう。

❶東洋のナイアガラと呼ばれる吹割の滝
❷般若岩。岩壁が般若の顔に見える
❸渓谷沿いの遊歩道

食

フルーツ狩り

群馬県沼田市はフルーツの産地。初夏～夏はさくらんぼ、ブルーベリー、プラム、夏～秋はぶどう、りんご、冬はいちごなどさまざまなフルーツが生産されている。さらに市内の各地でフルーツ狩りが楽しめるのも魅力。旬のフレッシュなフルーツを味わいたい。

：ＪＲ上越線沼田駅から関越交通バス45分、吹割の滝下車
：吹割の滝バス停（20分）吹割の滝（10分）浮島（30分）吹割の滝バス停
WC：周辺の売店のトイレを利用
：吹割の滝へのバスは上越新幹線上毛高原駅発着の便もある
問：沼田市観光協会
TEL 0278-25-8555
関越交通（沼田）
TEL 0278-23-1111

紅葉の湿原ハイキング

赤城山・沼めぐり

あかぎやま・ぬまめぐり

1300m　1時間30分

日本百名山のひとつに数えられる、群馬の名峰・赤城山。「赤城山」という名前の山はなく、標高1828メートルの最高峰・黒檜《くろび》山《さん》をはじめとするいくつもの山の総称です。

それぞれの山には登山道が整備されているのですが、短時間で登頂できるとはいえ、いずれもやや険しく、登山専用の装備が必要となります。山頂周辺の沼めぐりで、赤城山を楽しみましょう。標高1000メートルを超えていますので、防寒対策は怠りなく。

赤城公園ビジターセンター前のバス停から、まずは大沼《おの》を1周します。ビジターセンターに立ち寄って情報を得ていきましょう。

赤城山最大の沼・大沼は周囲約4キロ、舗装道路と散策路を交えながら、沼を1周することができます。沼の東側に黒檜山、駒ケ岳がそびえ、眺めることができる山姿は素晴らしいものです。朱塗りの橋を渡り、赤城神社にも立ち寄っていきましょう。御朱印もいただけます。

大沼を1周してビジターセンターに戻ったら、次は覚満淵《かくまんぶち》へ。30分ほどで散策できる小さな高層湿原で、「小尾瀬」とも呼ばれています。こちらも淵を1周するように木道が整備されています。秋は金茶色に染まる草原や、ミズナラやズミなどの木々の紅葉も美しいです。

赤城の山々に囲まれた覚満淵。紅葉の見頃は10月ごろ

赤城神社

観

大沼のほとり、小鳥ケ島に立つ神社で、赤城大明神を祭神とし、赤城山と湖の神を祀る。美しい朱塗りの社殿や神橋は、黒檜山など大沼を囲む赤城の山々からもよく見える。秋の例大祭では郷土芸能や武者行列なども行われる。

：ＪＲ両毛線前橋駅から関越交通バスで１時間20分、ビジターセンター下車

：ビジターセンター（30分）赤城山キャンプ場（20分）赤城神社（10分）ビジターセンター（覚満淵１周30分）ビジターセンター

WC：赤城公園ビジターセンター、赤城山キャンプ場などにあり

：前橋駅発着の赤城山直通バスは、土日祝日のみ１日３往復の運行

問：前橋観光コンベンション協会
℡027-235-2211
関越交通（前橋）
℡027-210-5566

風情あふれる山の古刹

大山寺

おおやまでら

500m　1時間30分

神奈川県・丹沢山塊のなかでも人気の高い山のひとつ、大山。美しい三角形の山容がよく目立ちます。大山の中腹に立つのが雨降山《あぶりさん》大山寺。風情あふれる山のお寺を訪ねましょう。

スタートは大山ケーブルバス停から。階段を交えた登り道、通称こま参道には多くのお店が立ち並んでいます。大山ケーブルの乗り場を右手に見送って、大山寺への道を進んでいきます。すぐに男坂と女坂に分かれますが、歩きやすい女坂をたどりましょう。古い石段を交えた道が続きます。弘法水、子育地蔵など女坂の七不思議を探しながら歩くのも楽しみです。最後に急な石段を上り詰めると大山寺に到着。石段の両側はカエデが茂り、新緑・紅葉の時季は多くの人でにぎわいます。

山寺の雰囲気を色濃く漂わせる大山寺は、奈良時代に開山の古《こ》刹《さつ》。風格のある本堂は明治時代の建築です。御朱印をいただくこともできます。

体力に余裕があれば阿夫利《あふり》神社下社まで足を延ばしてもよいでしょう。大山寺から先は道が険しくなりますが、阿夫利神社下社からは相模湾を一望に見渡せます。

大山寺からも阿夫利神社下社からもケーブルカーで下山できます。下山後はこま参道の店に立ち寄り、大山名物の豆腐料理を味わって帰りたいものです。

❶山寺らしいたたずまいの古刹・大山寺　❷弘法大師が爪を使って彫ったという爪切地蔵　❸阿夫利神社下社の社殿

買 食

塚本みやげ店

こま参道に立つ喫茶・軽食の店。大山名物の豆腐料理が単品でも味わえ、おすすめは豆腐の上に味噌がのった味噌豆腐。そば、うどんも美味。お土産も販売しており、大山の地酒や大山こまなどが人気だ。

神奈川県伊勢原市大山658
TEL 0463-95-4391

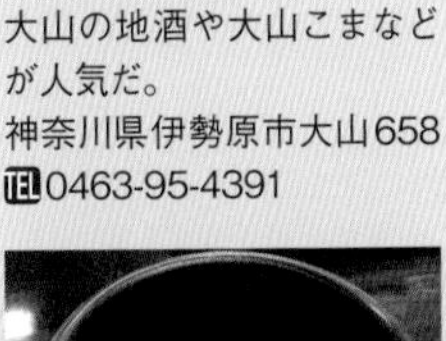

🚌：小田急線伊勢原駅から大山ケーブル行きバス20分、終点下車

▶：大山ケーブルバス停（20分）大山ケーブル駅（30分）大山寺（30分）大山阿夫利神社下社（10分）阿夫利神社駅

WC：大山ケーブルバス停ほか数カ所あり

！：大山寺の御開帳日は8のつく日（毎月8・18・28日）

問：伊勢原市観光協会
TEL 0463-73-7373
神奈川中央交通バス（伊勢原）
TEL 0463-95-2366

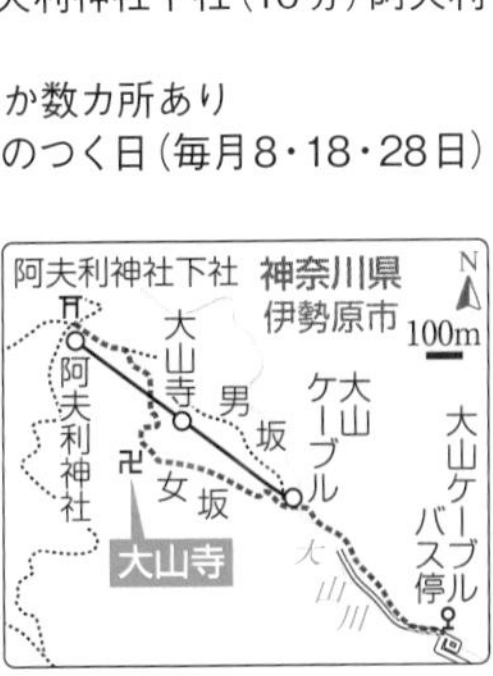

カエデ、イチョウに見入る

鎌倉アルプス

かまくらあるぷす

159m　2時間30分

関東で紅葉が最も遅くまで楽しめる地域のひとつが鎌倉。12月上旬ごろまで見ることができます。社寺の紅葉見物を組み合わせて鎌倉アルプスを歩いてみませんか。定番の天園ハイキングコースから、紅葉の名所・獅子舞に足を運びましょう。

　北鎌倉駅からまずは建長寺へ。道中に円覚寺など紅葉の名刹《めいさつ》が点在します。建長寺の境内を抜け、石段を上って勝上嶽《しょうじょうけん》から山道に入ります。常緑樹と広葉樹が入り交じった森は、晩秋でも木々が茂って深い森の雰囲気。ところどころに中世のお墓であるやぐらが見られます。

　急な山道を登り切ると鎌倉市の最高地点、標高159メートルの大平山。天気に恵まれれば相模湾も眺められます。山頂直下の広場でお昼休みもよいでしょう。

　天園峠の茶屋跡の広場を過ぎると、瑞泉寺方面の道と分かれて、獅子舞方面に下ります。少し湿って歩きづらいところもあるので慎重に。色づいたカエデが鮮やかです。しばらく下ると雑木林にイチョウの大木が交じり始めます。カエデの赤、イチョウの黄色が美しく、見入ってしまいます。

　下っていくうちに沢沿いの道になり、ほどなく住宅街に。道標に従って進み、鎌倉宮、鶴岡八幡宮を経て、ゴールの鎌倉駅を目指しましょう。

❶獅子舞の紅葉。モミジに混じりイチョウの大木も　❷鎌倉アルプスの最高地点、大平山　❸紅葉が美しい円覚寺

鎌倉野菜

古都のイメージが強い鎌倉だが、鎌倉でも野菜の生産が行われていて、市内には農産物直売所もある。観光客が訪れやすいのが、鎌倉駅から徒歩5分のところにある鎌倉市農協連即売所。旬の野菜や生花などを販売しており、スーパーでは見慣れない珍しい野菜も多い。

🚉：ＪＲ横須賀線北鎌倉駅下車
▷：北鎌倉駅（20分）建長寺（1時間）大平山（40分）鎌倉宮（30分）鎌倉駅
WC：建長寺境内、大平山直下などにあり
!：鎌倉宮からは鎌倉駅方面行きの路線バスもある
問：鎌倉市観光協会 TEL 0467-23-3050

※2020年3月現在、建長寺～鎌倉宮は通行止め

東京都

訪ねる　戦国の山城跡

八王子城山《はちおうじしろやま》

446m　2時間20分

戦国時代には、山の険しい地形を利用した山城が戦国武将によって多く造られました。

北条氏によって、八王子城山に築城が進められた八王子城もそのひとつ。完成しないままに落城したといわれますが、お城の痕跡が多く残り、山城マニアはもちろん、そうでない人でも歴史散策が楽しめるところです。

バス停から八王子城跡入口まではほぼ一本道、30分弱の道のり。入口手前にはガイダンス施設が立ち、八王子城の歴史を解説しています。入口の管理棟でボランティアガイドを受け付けています。

城跡入口からは本格的な山道に。よく整備されていますが、岩が露出したりして歩きにくい所もあるので十分注意して進みます。ところどころに石垣があったり、城跡の解説があります。

八王子の地名の由来となったといわれる八王子神社の木造の建物が見えたら、山頂まではあと一息。木々に囲まれ、さほど広くない山頂に「八王子城本丸址」の石碑が立っています。

帰りは来た道を戻り、城跡入口まで来たら御主殿跡に立ち寄りましょう。大きな橋を渡ると立派な石垣が現れます。石段を上り、木の門をくぐると城跡の広場に。解説板もあり、築城の歴史などを知ることができます。

❶城山山頂から都心方面を望む　❷城跡の石碑と小さな祠が立つ城山の山頂　❸石垣が残る登山道を登っていく

観 八王子城跡ガイダンス施設

八王子城の歴史やなりたちなどを資料や映像で分かりやすく解説する資料館。八王子の「八」をイメージした八角形の建物だ。館内は展示解説スペースのほか、休憩スペースもあり。
東京都八王子市元八王子町3-2664-2
TEL042-663-2800

- 交：ＪＲ中央線、京王線高尾駅からバス６分、霊園前・八王子城跡入口下車
- 行程：霊園前（25分）八王子城跡入口（40分）八王子城本丸址（40分）御主殿跡（35分）霊園前
- WC：八王子城跡入口、本丸址直下にあり
- ワンポイント：歩き慣れた人なら、山頂から先、富士見台を経由して駒木野へ下山することもできる
- 問：八王子観光コンベンション協会 TEL042-649-2827
京王バス南（高尾）TEL042-666-4607

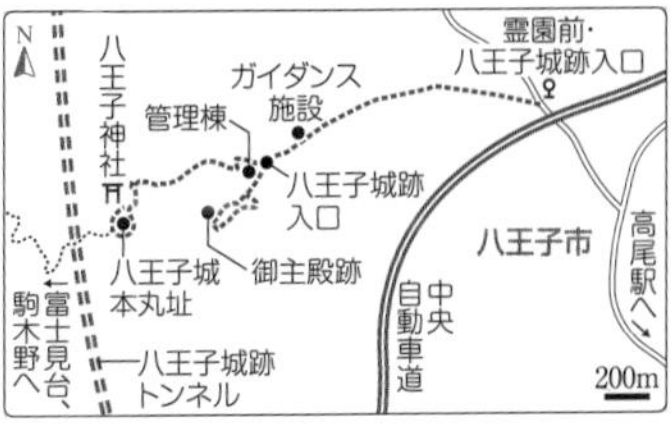

ゆる山旅03

早春のイベントを楽しむ

静岡県・伊豆半島

海も山も、楽しみ満載の伊豆半島

静岡県の東端、太平洋に突き出た伊豆半島は、関東から気軽に訪れることができる人気の観光地。半島の各地に良質の温泉が湧いており、温泉宿での滞在が楽しみです。海に面しているだけあって海の幸も豊富。東伊豆〜南伊豆の伊勢エビや金目鯛、西伊豆では深海魚なども味わえます。おみやげには干物も喜ばれます。

豊かな自然も見どころのひとつ。半島の中央部には、日本百名山のひとつである天城山がそびえます。山に登らなくても、山麓の散策路や自然公園などで美しい樹林を楽しめます。

一足早い春の訪れ、河津桜

伊豆半島ではさまざまな花を楽しむことができます。温暖な気候により、早春からさまざまな花が咲いており、南伊豆では水仙やアロエの花などを見ることができます。

一番のみどころは河津桜。早咲きの桜で、ソメイヨシノと比べて花の色が濃く、花も大輪です。河津桜の名所として知られるのが河津町。町内を流れる河津

川沿いに河津桜が植栽されていて、例年2月上旬〜3月上旬に見頃を迎えます。

見頃の時期に合わせて行われる河津桜まつりでは、道沿いに多くのショップが出て賑やか。桜をテーマにしたお菓子、みかんやみかんの加工品なども多数並びます。

伊豆稲取、雛のつるし飾り

早春の伊豆の旅でぜひ訪れたいのが稲取《いなとり》温泉。稲取の伝統「雛のつるし飾り」を見ることができます。江戸時代後期から始まった文化といわれ、女の子の健やかな成長を願って母や祖母が手作りしたもの。下げられている雛には、猿（厄が去る）、とうがらし（娘に悪い虫がつかない）、桃（延命長寿）などそれぞれに意味があります。

例年1月下旬〜3月末に雛のつるし飾りまつりを開催しており、メイン会場で雛のつるし飾りや、旧家のひな飾りなどを見学できるほか、神社の石段にずらりと飾られたひな人形を見ることもできます。

稲取といえば名物の金目鯛。散策後には、おいしい金目鯛を煮付けやしゃぶしゃぶなどで味わっていくのもよいでしょう。

冬

山に静けさが漂う季節。
木々は葉を落とし、空気はひんやり澄み切っています。
踏みしめた落ち葉の音、風が木々をゆらす音。
ほんのり漂う水仙や梅の花の匂い。
五感を研ぎ澄ませることで見えてくるもの。
穏やかな気持ちで山に向き合うのです。

岩清水が作り出す氷の美

三十槌の氷柱

みそつちのつらら

400m　0時間30分

盆地の気候の特徴で、冬は非常に冷え込む奥秩父。冬の名勝として知られる三十槌の氷柱は、岩肌をしたたり落ちる岩清水が凍ってできる、厳冬季限定の氷の芸術です。例年1月上旬から2月中旬まで見ることができ、氷柱が発達して見応えがあるのは1月中旬〜2月上旬ごろです。見頃の時期に合わせて氷柱のライトアップも行われています。

三十場《みそば》バス停から氷柱へは15分ほど国道を歩きます。氷柱の入り口までは車の往来の多い狭い車道歩きなので、十分注意して進みましょう。環境整備金200円を支払い、「氷柱下り口」の道標から階段を交えた下りで、三十槌の氷柱に向かいます。

沢沿いに大小さまざまな無数の氷柱が垂れ下がっています。下ってすぐ見られるのが、岩清水が凍ってできた天然の氷柱。その先には崖に水を流して作られた人工の氷柱。いずれも見応えがあります。時期により、また年によっても氷の発達具合は異なります。

氷柱のある岩の斜面は沢に沿って続いており、河原を歩いて見ることができます。しかし積雪があったり凍結をしていることもあるので、十分注意して歩きましょう。足回りが心もとなかったり、積雪が多く歩きにくい場合は、決して無理をしないこと。

帰りは来た道を戻ります。

壁をベールのように覆う氷柱が美しい

湯

西武秩父駅前温泉 祭の湯

西武秩父駅に直結した日帰り入浴施設。広々とした大浴場、露天風呂や岩盤浴、高濃度人工炭酸泉など種類豊富な風呂を楽しめる。秩父の名産品を扱う物販コーナーや、ご当地グルメが味わえるフードコートもあり。

埼玉県秩父市野坂町1-16-15 TEL0494-22-7111

バス：西武秩父線西武秩父駅から西武観光バス三峯神社行きで50分、三十場下車

歩：三十場バス停（15分）三十槌の氷柱（15分）三十場バス停

WC：氷柱下り口にあり

！：直近の氷柱の様子は秩父観光協会のホームページや秩父市の観光サイト「秩父観光なび」で確認できる

問：秩父観光協会大滝支部 TEL0494-55-0707
西武観光バス（秩父） TEL0494-22-1635

年の初めに福をいただく

武蔵越生 七福神めぐり

むさしおごせ しちふくじんめぐり

290m 3時間30分

健康や長寿を願って歩く七福神めぐり。恵比寿、大黒天、弁財天、福禄寿、毘沙門天、布袋尊、寿老人の7柱の神様を「七福神」と呼び、それぞれがまつられている社をめぐります。

全国各地に七福神はありますが、埼玉県越生《おごせ》町の武蔵越生七福神めぐりは、ゆる山歩き気分で七福神めぐりが楽しめます。毎年1月4日に越生町主催の七福神めぐりのイベントが開催され、多くの人でにぎわいますが、イベントの日以外でも歩くことはできます。

スタートは東武越生線越生駅。駅から歩いて数分の法恩寺（恵比寿）から、正法寺（大黒天）、弘法山（弁財天）、最勝寺（福禄寿）、円通寺（寿老人）、龍穏寺（毘沙門天）、全洞院（布袋尊）と進んでいきます。御朱印をいただくこともできますので御朱印帳を持参するとよいでしょう。現地で七福神めぐりの色紙を求めることもできます。

全行程約13キロの道のりで、大半が舗装道路ですが、ところどころで山道を歩きます。円通寺を過ぎるとだいぶ山深い雰囲気になり、多少アップダウンもあります。道標は各所にありますので、見落とさないように進みます。奥武蔵ならではの素朴な里山の雰囲気を味わいながらのんびりと歩きましょう。最後の全洞院から黒山バス停までは3分ほどの道のりです。

❶寿老人の寺、円通寺　❷お寺の境内や道のあちこちに石仏が立つ　❸低山を間近に望む里山風景が心地よい

越生町観光案内所　買 観

越生駅から徒歩1分。職員が常駐しており、町内の観光情報が得られるほか、越生町の特産品の展示・販売も行っている。七福神めぐりのマップや御朱印帳、色紙などはここで得られるので、最初に立ち寄りたい。

埼玉県入間郡越生町越生790 TEL049-292-6783

- 東武越生線越生駅下車
- 越生駅（50分）弘法山（50分）円通寺（1時間）龍穏寺（50分）黒山バス停
- WC：弘法山、最勝寺など数カ所
- 帰路の黒山バス停から越生駅へのバスは1時間に1本程度の運行。時刻表を確認しておきたい
- 問：越生町観光協会 TEL049-292-1451
  川越観光自動車 TEL0493-56-2001

神奈川県

海の絶景と水仙の花

城ケ島

じょうがしま

30m　1時間20分

神奈川県・三浦半島最南端の城ケ島は、海の眺めと豊富な海浜植物が楽しめる絶景スポット。例年1月から2月上旬にかけては、八重咲きの水仙が見頃を迎えます。

城ケ島大橋を渡り、白秋碑前バス停からスタート。時間が許せば、唱歌「城ケ島の雨」を残した詩人・北原白秋の記念館を訪れてもよいでしょう。

車道を緩やかに上っていき、県立城ケ島公園に向かいます。道沿いの水仙を眺めながら遊歩道を進み、展望広場を目指しましょう。展望台からは伊豆大島や房総半島、天気に恵まれれば雪をかぶった富士山まで見渡せます。

いったん来た道を戻り、海沿いの散策路に進みます。ウミウ展望台の先の分岐から海岸へ下りると、馬の背洞門が現れます。岩壁にぽっかり空いた穴は、波や風の浸食による自然の造形美。

ここからは海を眺めながらの岩礁帯歩き。足元が悪いところもあるので、十分注意して進みましょう。また、分岐まで戻り、なだらかな散策路を進むこともできます。こちらは水仙を眺めながら歩くことができ、この時季おすすめです。

ふたつの道が合流したあとは、城ケ島灯台を経由して城ケ島渡船の発着所へ。風情あふれる渡し船で三崎港に戻ります。

❶海岸線の向こうにうっすらと富士山が眺められる　❷水仙の最盛期は1月　❸波や風で寝食されてできた岩の穴

観

水中観光船

三崎港、うらりマルシェの前から運行する水中観光船「にじいろさかな号」。半潜水式の観光船で、海中に面した展望室から多くの魚を眺めることができるのが楽しい。1時間に1本の運行で、運行時間は約40分。

TEL046-881-6721（うらりマルシェ）

：京浜急行線三崎口駅から京浜急行バス城ケ島行きで20分、白秋碑前下車

：白秋碑前（20分）城ケ島公園展望広場（20分）馬の背洞門（30分）城ケ島灯台（10分）渡船発着所

WC：城ケ島公園など数カ所

：渡船に乗らず、城ケ島バス停からバスで三崎口駅に向かうこともできる

問：三浦市観光協会 TEL046-888-0588
京浜急行バス（三崎）TEL046-882-6020

咲き匂う大群落に酔う

をくづれ水仙郷

をくづれすいせんきょう

250m 1時間00分

早 春を彩る花のひとつが水仙。白く可憐な花姿のニホンスイセンの群落に会いに、房総半島に行ってみませんか。千葉県鋸南《きょなん》町は、日本を代表する水仙の産地のひとつ。その歴史は古く、江戸時代・安政年間には、栽培された水仙が船で江戸に運ばれていたといわれます。現在も年間8000万本が出荷されています。

町内には水仙の群生地が点在。里山歩きの雰囲気を楽しみながら水仙の群落を楽しめるのがをくづれ水仙郷です。12月中旬から1月にかけての見頃の時期には、水仙まつりと題してさまざまなイベントが開催されています。

大崩バス停周辺から、佐久間ダム方面に向かって歩いていきましょう。ゆるやかな下り道の舗装道路、道の両側、山の斜面を埋めるように水仙が咲き乱れ、よい匂いを漂わせています。やわらかな冬の日ざしを受けて、真っ白い花が輝くようです。

佐久間ダム周辺も水仙の花がたくさん咲いています。のびやかな湖の風景と水仙の群落のコントラストがすばらしく、ついつい見入ってしまいます。帰りのバスの時間をバス停で確認してから、湖畔散策を楽しむとよいでしょう。

満開の水仙を楽しむためにも、開花状況や散策路の情報を現地に確認のうえ、お出かけください。

❶明るい山の斜面にびっしりと水仙が咲く　❷佐久間ダムも水仙や桜の見どころ　❸可憐な花姿の水仙

食 アジフライ

南房総の名物料理のひとつがアジフライ。金谷漁港で水揚げされる「黄金アジ」と呼ばれるアジが、とくに人気が高い。海岸の道沿いに点在する食堂でアジフライを味わうことができる。肉厚でフワッとした食感で、一口かめばジューシーな脂と魚のうまみが広がる逸品。

- 🚃：JR内房線保田駅または安房勝山駅から町営循環バス、大崩下車
- ▶：大崩バス停（30分）佐久間ダム（湖畔散策30分）佐久間ダム入口バス停
- WC：佐久間ダムに数カ所あり
- ❗：佐久間ダムの頼朝桜は２月中旬〜３月上旬が見頃
- 問：をくづれ水仙郷観光事務所 TEL0470-55-8040　鋸南町役場 TEL0470-55-2111

2万本　香りもつややか

寄ロウバイ園

やどりきろうばいえん

380m　1時間20分

早春に咲く花木のなかでもいち早く花を咲かせるロウバイ。早咲きのものは12月下旬あたりから咲き始め、1月から2月上旬に見頃を迎えるところが多いです。黄色く半透明のつやつやした花で、よい匂いを漂わせます。

ロウバイの花園として人気が高まっているのが、神奈川県松田町にある寄ロウバイ園です。平成16年、荒廃した農地を地元の人々が整備して造られたもの。当初は250株が植樹されましたが、現在は3千株、2万本以上となっています。早咲きの品種など数種類があり、長い期間花を楽しめるのも魅力です。毎年見頃の時期に合わせてロウバイまつりが行われています。

山の斜面を利用して造られたロウバイ園には散策路が設けられ、陽光を浴びて黄金色にきらめく木々のなかをのんびりと歩くことができます。寄バス停からロウバイ園までは10分ほどの道のり。入り口で入園料（300円）を支払ったら、園内を時計回りに進んでいきましょう。一面にロウバイの甘い匂いがたちこめ、包み込まれているようです。あちこちにベンチが設けられ、一息つくこともできます。

散策路はよく整備されていますが、未舗装で多少傾斜もありますので、歩きやすい靴でお出かけください。

❶斜面を覆い尽くすようにロウバイが植栽されている　❷陽光に輝くつやつやの花びら　❸遊歩道も整備され歩きやすい

観

寄のしだれ桜

ロウバイに続き春の寄の楽しみが、しだれ桜。樹齢250年の土佐原のしだれ桜をはじめ、名木が点在し、中津川沿いにはしだれ桜の桜並木もある。空から降り注ぐような桜の枝振りが圧巻だ。土佐原のしだれ桜は個人宅の敷地内なので節度を持った行動を。

- 🚌：小田急線新松田駅北口、またはＪＲ御殿場線松田駅南口からバス30分、寄下車
- ▶：コースタイム　寄バス停（10分）ロウバイ園入り口＝散策１時間＝（10分）寄バス停
- WC：寄バス停、ロウバイ園入り口にあり
- ❗：まつり期間中はご当地グルメの提供や藍染め体験など開催
- 問：松田町観光協会
  TEL0465-85-3130
  富士急湘南バス
  TEL0465-82-1361

鎌倉幕府ゆかりの地めぐる

祇園山

ぎおんやま

60m　1時間40分

鎌倉の名刹《めいさつ》・鶴岡八幡宮や、鎌倉幕府滅亡の地である東勝寺跡など、鎌倉幕府ゆかりの地をめぐり、静かな雑木林を歩いてみませんか。鎌倉駅を起点とする周回ルートで、祇園山ハイキングコースを楽しみます。

まずは鎌倉駅から若宮大路を歩いて鶴岡八幡宮へ。四季折々に美しい境内をじっくり散策しましょう。散策を終えたら三の鳥居まで戻り、東勝寺跡方面に進みます。交差点や分岐がいくつかありますが、道標を見落とさないように。時間が許せば、萩の美しい寺として知られる宝戒寺に立ち寄ってもよいでしょう。冬は椿《つばき》や梅が見頃を迎えています。

かつては北条氏の菩提寺《ぼだいじ》であった東勝寺跡ですが、今は看板があるだけ。さらに進むとほどなく北条高時腹切りやぐらがあり、ここから祇園山ハイキングコースの山道に入ります。分かりやすい散策路ですが、ところどころ、岩が露出しているところや、木の根が出ているところもあり、なかなか気が抜けません。祇園山展望台は鎌倉市街や富士山、伊豆半島を望む展望地。小さな方位盤で見えている景色を確認してみましょう。

祇園山からは階段を交えながら山道をどんどん下り八雲神社へ。歴史を感じる木造の社殿でお参りをしたら、ゴールの鎌倉駅を目指しましょう。

❶祇園山展望台から相模湾を望む
❷道標に従い登山道に取り付く
❸八雲神社でお参りをしていこう

観

御成通り

鎌倉駅周辺の街歩きは、駅東口の小町通りや若宮大路が人気どころだが、静かな街歩きを楽しむなら西口の御成通りがおすすめ。落ち着いた雰囲気のなか、しゃれた雰囲気の飲食店や雑貨店などが並んでいる。舌の肥えた地元の人々にも人気の洋菓子店やベーカリーなども。

🚉：ＪＲ横須賀線鎌倉駅下車

▶：鎌倉駅（10分）鶴岡八幡宮（20分）東勝寺跡（40分）祇園山展望台（15分）八雲神社（15分）鎌倉駅

WC：鶴岡八幡宮にあり

💡：祇園山ハイキングコースは距離は短いが歩きごたえあり。歩きやすい靴で

問：鎌倉市観光協会
℡0467-23-3050

※2020年3月現在、祇園山ハイキングコースは通行止め

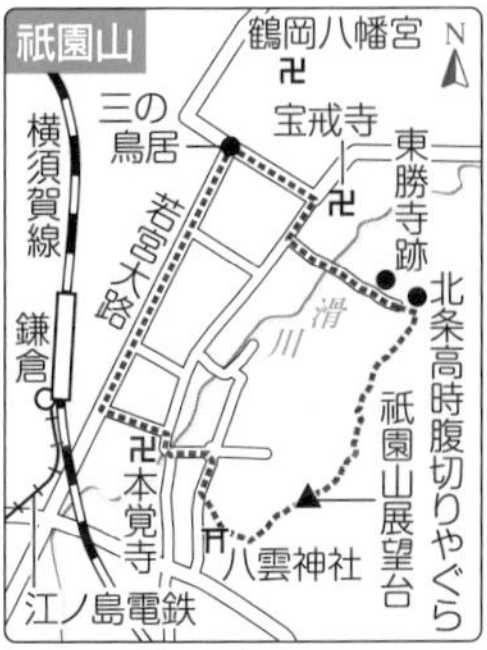

早春のお花見ウオーク

国営昭和記念公園

こくえいしょうわきねんこうえん

125m（最高所）　1時間24分

縮 こまった体をほぐしに、ゆる山歩きはいかがでしょう。ご案内するのは、東京都立川市と昭島市にまたがる国営昭和記念公園です。よく晴れた日に、暖かい格好をして園内散策を楽しんでみませんか。

　昭和天皇の御在位50周年記念事業の一環で造られた国営昭和記念公園は面積約180ヘクタール、東京ドームの約40倍の広さを有します。広い園内は舗装された散策路が整備されていて、心地よく歩くことができます。

　四季折々に花が楽しめる、花の公園としても人気が高く、春の桜や秋のコスモスの時季にはとくに多くの人でにぎわいます。2月に見ごろを迎えるのは梅とフクジュソウ。花木園やこもれびの池周辺で香り豊かに咲く、白やピンクの梅を見ることができます。1月から咲いているロウバイも、例年は2月上旬ごろまで見られますし、マンサクやサンシュユなどの花木、クリスマスローズも素敵です。

　咲き誇る花木の木々のそばには、キラキラと輝きながら咲く黄金色のフクジュソウの姿も。まだ芽吹いていない冬の大地でいち早く花を咲かせます。

　いくつかの入園口がありますが、花木園へのアクセスに便利なのは西立川口。入園口から水鳥の池を眺めながら歩き、10分程度の道のりです。

❶梅やマンサクなど早春の花木が咲く花木園　❷クリスマスローズの群落　❸西立川口は入口にハボタンの花壇が

食 ふれあい広場レストラン

国営昭和記念公園の園内、ふれあい広場に位置するレストラン。陽光がふりそそぐガラス張りの明るい店内でゆっくりくつろげる。メニューは洋食が中心で、なかでも人気が高いのは窯で焼いた本格的なピッツァ。スイーツとコーヒーで散策途中に一息つくのもいい。

：西立川口へはＪＲ青梅線西立川駅下車、徒歩２分

：西立川駅（２分）西立川口（10分）花木園（30分）こもれびの池（40分）西立川口（２分）西立川駅

WC：園内に数カ所

：入園料一般450円、65歳以上210円。園内の移動にはパークトレインも利用できる

問：国営昭和記念公園
TEL042-528-1751

長野県

雪上散歩　雲上の絶景

入笠湿原《にゅうかさしつげん》

1734m　0時間40分

雪の上をザクザク歩くスノーシューハイキング。真っ白な雪と青空のコントラストがひときわ美しい、冬ならではの風景に出合ってみませんか。入笠山の中腹に広がる入笠湿原は、標高1800メートル近くまでゴンドラで上れば、雪の絶景が広がっています。

スキーウエア、帽子、手袋などの防寒具をはじめ、スノーシューやスノーブーツまでレンタルができます。

山頂駅から湿原へは樹林の中を進んでいきます。歩くルートがしつらえられていて、踏み跡もしっかりしています。雪がついた木々はいつもと違う雰囲気。ちらちらと見える青空や木漏れ日もきれいです。樹林が切れたら緩やかに下っていき、入笠湿原に到着です。広々とした雪原の光景に思わず声を上げてしまいます。シラカバと雪原が独特の雰囲気を醸し出しています。

景色を堪能したら来た道を戻り、ゴンドラ山頂駅へ向かいます。マナスル山荘本館まで足を延ばし、山小屋ランチやティータイムを楽しんでもよいでしょう。ゴンドラの最終便に間に合うように、時間の確認もお忘れなく。

湿原周辺の積雪状況は年により、また時季によっても異なるので、現地にご確認ください。

雪の上をスノーシューでゆっくりと歩く。広々した雪原が心地よい

食

マナスル山荘本館

入笠山の山頂直下に立つ山小屋。入笠湿原の散策や入笠山登山の休憩ポイントとしても人気が高い。地元素材を使って丁寧に作られたフードメニューが好評で、人気はじっくりと煮込んだ絶品のビーフシチューや、やさしい甘みのきなこ餅。

TEL 0266-62-2083

🚃：ＪＲ中央線富士見駅からタクシー約10分で富士見パノラマリゾートへ。ゴンドラ約10分で山頂駅

▶：ゴンドラ山頂駅（20分）入笠湿原（20分）ゴンドラ山頂駅

WC：ゴンドラ山頂駅、山彦荘付近にあり

！：富士見パノラマリゾートへは富士見駅から無料シャトルバスが運行

問：富士見町観光協会
TEL 0266-62-5757
富士見パノラマリゾート
TEL 0266-62-5666

富士見の山　ロープウエーで

箱根駒ケ岳

はこねこまがたけ

1356m　0時間20分

一年の終わりに、新しい年の始まりに、とびきりの富士山を見にいきませんか。箱根の山々から眺める富士山は美しいものです。山麓まで裾野を広げた姿を、距離が近いだけに圧倒的な大きさで眺められます。冬は晴天率が高く、真っ青な空の色に、雪をかぶった富士山の姿がよく映えます。

　箱根外輪山の真ん中にそびえている箱根駒ケ岳は、絶好の富士山ビューの山。ロープウエーで山頂直下までアクセスすることができます。山頂駅を降りたらもう、山頂に立つ箱根元宮の社殿が見えています。山頂一帯が周遊できるように散策路が設けられており、笹《ささ》に覆われたゆるやかな斜面を登れば、ゆっくり歩いても10分ほどで山頂に到着。歩き慣れていない方でも、小さな子ども連れでも、気持ちよく歩いて山頂に立つことができるでしょう。

　木々などのさえぎるものがない山頂からは、周辺の山々が一望のもと。富士山がひときわ大きく、その背後に雪をかぶった南アルプスの山々が連なっています。真っ青な湖面の芦ノ湖には遊覧船がゆっくりと動き、相模湾、小田原、湘南の海岸線もくっきりと眺められます。例年、元日は日の出の時間に合わせてロープウエーを運行しています。年の初めに、山頂からすばらしい日の出と富士山を眺めてみるのもよさそうです。

❶駒ケ岳山頂から望む雄大な富士山　❷ケーブルカー山頂駅から石畳を歩いて山頂へ　❸山麓から駒ケ岳山頂を望む

観

箱根関所

江戸時代、交通の要衝として多くの旅人が行き来した箱根関所。当時の施設が復元され、見学をすることができる。江戸時代の交通に関する資料を展示する資料館もあり、興味深い。関所の周辺には飲食店や土産物の店も。

神奈川県足柄下郡箱根町箱根1 TEL 0460-83-6635

🚃：箱根登山鉄道箱根湯本駅から伊豆箱根バスで1時間、箱根園下車。ロープウエー7分で山頂駅へ
▷：駒ケ岳山頂駅（10分）駒ケ岳（10分）駒ケ岳山頂駅
WC：ロープウエーの山麓駅、山頂駅にあり
！：荒天時はロープウエーは運休
問：箱根町総合観光案内所 TEL 0460-85-5700
伊豆箱根バス（小田原）
TEL 0465-34-0333
箱根園
TEL 0460-83-1151

※2020年3月現在、神山、大涌谷方面の登山道は通行不可

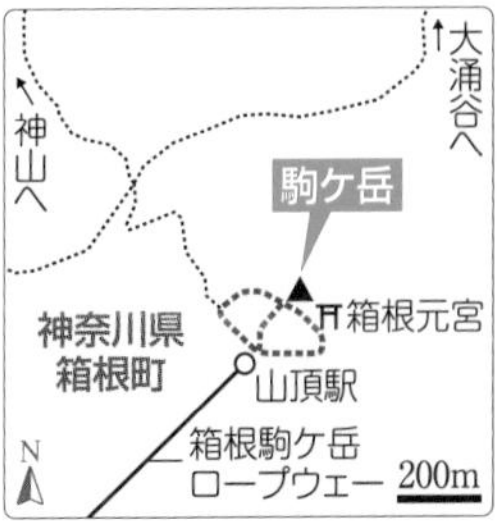

奇岩連なる海岸の美

荒崎・潮騒のみち

あらさき・しおさいのみち

30m　2時間10分

青い海と海岸線を楽しむ、早春のシーサイドウオークはいかがでしょう。

ご紹介するのは三浦半島、荒崎・潮騒のみちです。たおやかな砂浜の海岸と荒々しい岩礁、異なった海岸の美しさを満喫できる、冬に楽しみたいルートです。

スタートは三崎口駅から。国道を進み、和田交差点で脇道に入っていきます。長浜海岸は波穏やかな砂浜。夏は磯遊びを楽しむ人の姿も多く見られます。海岸沿いを進んでいくと、岩がゴツゴツした浜になっていきます。佃嵐崎《つくだあらしざき》は海岸の眺めがよく、晴れていれば富士山も眺められる絶景スポット。一息ついていきましょう。

栗谷浜《くればま》漁港の裏手の階段を上り、すぐに下って再び海岸の道へ。波に削られ、風にさらされ、長い年月をかけて作られた岩礁が圧巻です。歩きにくいところもあるので慎重に進みます。十文字洞、弁天島などいくつもの見どころを経て、荒崎公園へ。三浦半島でも指折りの景勝地です。「夕日の丘」の展望台に足を運びましょう。伊豆半島や富士山の眺めが見事です。

荒崎公園からは舗装道路を進んでソレイユの丘へ。相模湾の眺めと四季折々の花が楽しめる広大な公園で、冬は菜の花が見どころ。12月下旬から4月上旬まで花が咲き、菜の花越しに見る富士山は、この時季ならではの景観です。

❶波と風が作り出した縞模様が印象的な岩礁　❷トンネルとなっている岩の中を進む　❸ソレイユの丘の菜の花畑

ソレイユの丘　観

自然や動物とふれあえる、体験型の公園。動物とのふれあい、野菜の収穫、パンやピザ作りなどの体験ができる。季節ごとの花も楽しみで、冬は菜の花、夏はひまわり、さらにはネモフィラやコスモスなども美しい。

神奈川県横須賀市長井4丁目 TEL046-857-2500

- 🚃：京浜急行線三崎口駅下車
- ▶：三崎口駅（1時間）長浜海岸（40分）荒崎公園（30分）ソレイユの丘
- WC：荒崎公園など数カ所
- ⚠：海岸沿いの道もあるので、悪天候時や波の高いときは歩かないこと
- 問：横須賀市観光協会 TEL046-822-8256
  京浜急行バス（三崎）TEL046-882-6020

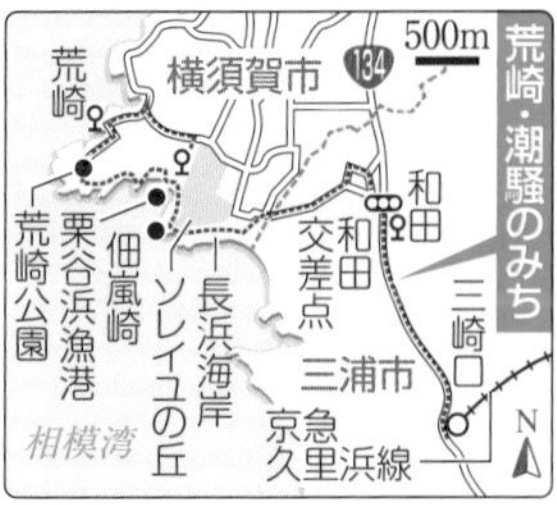

河津桜に彩られる展望

河津城山

かわづしろやま

181m　1時間05分

早春、伊豆・河津町を彩る河津桜。濃いピンク色で大ぶりの花が特徴です。河津町では河津川沿いを中心に、町内各地で河津桜を見ることができます。例年の見頃は2月から3月半ば。花の見頃にあわせて、河津桜まつりも開催され、夜桜のライトアップや、地域の名産品やご当地グルメの出店もあります。

咲き誇る河津桜を山の上から眺められるスポットが、河津城山。1時間足らずで山頂に到達でき、メインとなる川沿いの桜並木を散策した後でも楽しめます。

河津駅をスタートし、伊豆急行の線路をガードでくぐって、城山ハイキングコースの入り口を目指します。ところどころに「河津城跡公園」への目印があります。

住宅街を抜け、細い舗装道路を経て山道へ。ところどころに石垣や石畳が残っています。雑木林から急勾配の続く竹やぶに変わります。それなりに急で息が上がるので、ゆっくりと。やがて展望が開けると山頂まではあと一息。山頂一帯にも河津桜が咲き、眼下には河津の街並みや今井浜、天気に恵まれれば伊豆諸島も眺められます。山麓で楽しんだ桜を山の上から眺めるのも格別です。

帰りは来た道を戻り、河津駅に向かいます。山頂から眺めた桜を改めて山麓から眺めてみてもよいでしょう。

❶城山山頂から河津川方面を望む。遠くに天城山を望む
❷山頂にも河津桜が咲く　❸ところどころ石垣が残る

河津川で足湯めぐり（湯）

河津町には温泉宿や、日帰り入浴施設があり、良質の温泉を楽しむことができる。河津桜の咲く河津川沿いには、足湯処が点在し、散策の途中で手軽に足の疲れを癒すのに最適だ。おすすめは河津三郎の足湯。建物の2階にあり、桜並木を見下ろすロケーションがよい。

- ：伊豆急行河津駅下車
- ：河津駅（20分）城山分岐（20分）城山（25分）河津駅
- WC：道中になし。河津駅で
- ：河津桜の開花状況は河津町観光協会の河津桜まつり公式サイトで確認できる
- 問：河津町観光協会 TEL0558-32-0290

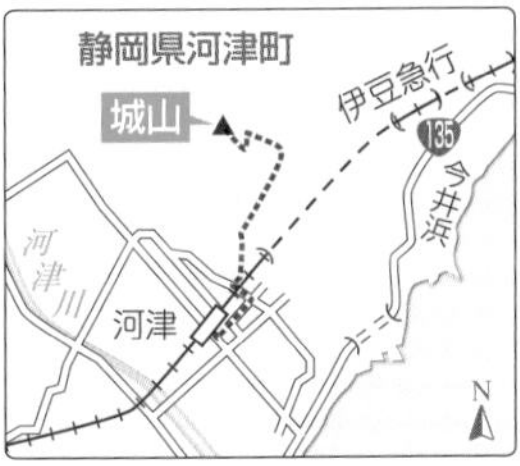

冬の終わりに楽しめる観梅

高尾梅郷

たかおばいごう

200m　1時間35分

梅のお花見に出掛けませんか。市街地の梅林が盛りを過ぎるころ、高尾山の山麓、高尾梅郷が見頃を迎えます。高尾山の北側、旧甲州街道沿いにいくつもの梅林が点在し、例年の花の見頃は2月下旬から3月下旬。見頃の時季に合わせて梅まつりも行われます。

スタートは小名路バス停から。小仏川沿いの道を歩いていきます。歩き始めてすぐに梅の並木道になります。このあたりが遊歩道梅林。白やピンクの梅を間近に眺めながら歩けます。遊歩道梅林が終わると関所梅林があり、しばらく進んで荒井バス停周辺には天神梅林、荒井梅林があります。

旧甲州街道を進んで圏央道の下をくぐると湯の花梅林。さらに進むと木下沢《こげさわ》梅林にたどり着きます。約1400本もの梅が植栽されており、紅梅、白梅が山の斜面を春霞《がすみ》のように埋め尽くします。この梅林は特別開放日のみ梅林内に立ち入ることができ、例年は3月上旬～下旬に開放されます。

梅林でない通り沿いや民家の庭も梅に彩られて、里全体が梅の匂いに包まれているよう。すべての梅林を辿《たど》って歩いてもよいですし、時間や体力に余裕がなければ、いくつかの梅林をピンポイントで楽しんでもいいでしょう。帰りは最寄りのバス停から高尾駅に戻ります。バスは1時間に1～3本の運行です。

❶バス通りの両脇にも梅が咲き、里山全体が華やかに
❷梅のトンネルを歩ける遊歩道梅林　❸関所梅林

高尾梅郷梅まつり

観

高尾梅郷の梅の見頃に合わせて、例年3月上旬〜中旬に開催。野点や琴の演奏などのイベントが行われるほか、各梅林では梅の加工品や甘酒、焼きそばやビールなどの販売も行う。梅の見頃に合わせて、木下沢梅林の特別開放も行っており、ハイカーや観光客で賑わう。

：ＪＲ中央線、京王線高尾駅から京王バス小仏行きで３分、小名路下車

：小名路バス停（35分）天神梅林（15分）湯の花梅林（35分）木下沢梅林（10分）大下バス停

WC：高尾梅の郷まちの広場にあり

：高尾駅から遊歩道梅林までは徒歩15分

問：高尾梅郷協会 TEL 080-6758-1187
京王バス南（高尾）TEL 042-666-4607

道中には名所も点在

曽我梅林

そがばいりん

20m　1時間25分

のんびりと梅林をめぐるウォーキングはいかがでしょう。

小田原市東部に広がる曽我梅林は、別所、原、中河原の3つの梅林からなる、関東有数の梅の名所のひとつ。約3万5千本の梅が、2月上旬から3月上旬に見頃を迎えます。白く可憐《かれん》な白梅が多いですが、紅梅やしだれ梅もあちこちで見られます。例年、花の見頃に合わせて「小田原梅まつり」が開催されています。

下曽我駅を起点に、1時間半程度の周回コースを歩いてみましょう。道標はあちこちにつけられています。まず現れるのが中河原梅林。白梅がよい匂いを漂わせています。境内に紅白の梅やしだれ梅が咲き誇る瑞雲寺にも立ち寄っていきましょう。

瑞雲寺をあとにして、梅まつりのメイン会場、別所梅林へ向かいます。道中には小さな梅林や梅の咲く庭が多く、曽我物語ゆかりの名所も点在。歴史マニアには楽しみの多い道です。

別所梅林は多くの人でにぎわっています。梅林越しに富士山が眺められるのも見どころ。白く冠雪した富士山と咲き匂う花々を満喫していきましょう。

別所梅林から下曽我駅へはＪＲ御殿場線の線路沿いを進んで20分ほどの道のり。途中の原梅林にも立ち寄っていくとよいでしょう。

❶咲き乱れる梅の花の香りに満ちている別所梅林　❷瑞雲寺のしだれ梅。境内にも梅が咲く　❸宗我神社の社殿

観

小田原梅まつり

梅林の梅の見頃に合わせて開催される。期間中はメイン会場の別所梅林を中心にさまざまなイベントを開催。小田原ちょうちん踊りや獅子舞など郷土芸能の披露もある。梅干しやみかん、農産物加工品など、小田原のうまいものの販売も行われている。

：ＪＲ御殿場線下曽我駅下車

：下曽我駅（15分）中河原梅林（20分）宗我神社（30分）別所梅林（20分）下曽我駅

WC：瑞雲寺ほか数カ所にあり

：お土産には昔ながらの手作業で漬け込んだ曽我の梅干しがおすすめ

問：小田原市観光協会 TEL 0465-22-5002

ああ、今日も楽しかった。
また山に行きましょうね。

西野淑子　（にしの・としこ）

関東近郊を中心に、オールラウンドに山を楽しむフリーライター。日本山岳ガイド協会認定登山ガイド。著書に『ゆる山歩き　思い立ったら山日和』『もっとゆる山歩き　いつだって山日和』（東京新聞）、『東京近郊ゆる登山』（実業之日本社）など。

撮　影 ………… 和氣淳

写真提供 ……… 伊豆市商工観光課、笠間市商工観光課、霧島市観光課、鋸南町地域振興課、ググっとぐんま写真館、埼玉県秩父環境管理事務所、多摩森林科学園、茅野市観光まちづくり推進課、中央アルプス観光、鳴沢村企画課、箱根湿生花園、箱根町観光課、富士見パノラマリゾート、八王子市観光課、横須賀市観光課、礼文観光協会

地図製作 ……… 東京新聞編集局デザイン課

もっともっとゆる山歩き　まいにちが山日和

2020年4月24日　初版発行

著　者 ………… 西野淑子

発行者 ………… 安藤篤人

発行所 ………… 東京新聞
〒100-8505　東京都千代田区内幸町2-1-4
中日新聞東京本社
電話［編集］03-6910-2521　［営業］03-6910-2527
FAX 03-3595-4831

印刷・製本 …… 株式会社シナノ パブリッシング プレス

デザイン ……… 株式会社ポンプワークショップ

© 2020　Nishino Toshiko　Printed in Japan
定価はカバーに表示してあります。乱丁・落丁本はお取り替えします。
ISBN978-4-8083-1044-8 C0075

本書のコピー、スキャン、デジタル化等の無断複製は著作権法上での例外を除き禁じられています。本書を代行業者等の第三者に依頼してスキャンやデジタル化することは、たとえ個人や家庭内での利用でも著作権法違反です。